큐브형 로봇 물류 자동화 시스템

오토스토어
이해와 활용

AutoStore

WIDcloud

큐브형 로봇 물류 자동화 시스템

오토스토어 이해와 활용

머리말

물류센터를 상상해 보면 거대한 랙(Rack), 끝없이 순환하는 컨베이어, 그리고 밤낮없이 그 통로를 오가는 수많은 인력 등 여전히 많은 물류 현장이 그러한 풍경들을 고수하고 있다.

하지만, 세상의 흐름은 이미 변했다. 우리가 밤늦게 주문한 상품이 다음날 아침 문 앞에 도착하는 시대로 변모했다. 그만큼 촌각을 다투는 경쟁 속에서 수많은 기업들은 물류경쟁력 강화를 위해 노력하고 있다.

물류 경쟁력이 곧 기업의 생존과 경쟁력을 결정하는 핵심 요소가 된 것이다. 소비자들의 요구는 갈수록 소량화, 다품종화되고 있다. 한정된 창고 공간은 비좁고 고비용으로 어려움을 겪고 있으며, 숙련된 인력을 확보하는 것도 점점 어려워지고 있다.

이러한 도전에 맞서기 위해 우리는 극단적인 혁신이 필요하다. 그래서 단순한 설비 도입을 넘어, 공간 효율을 극대화하고, 유연하고 모듈화된 차세대 자동화 시스템 오토스도이(AutoStore)를 주목하고 있다.

오토스토어는 단순한 로봇 운영 시스템을 넘어 선다. 현존하는 물류 자동화 솔루션 중 최고의 공간 효율성과 최적화된 로봇 시스템으로 빠른 입출고를 가능하게 하는 물류 혁신의 미래가 담긴 시스템이다.

저자도 처음 오토스토어를 접했을 땐 어려움이 많았다.

시스템이 너무 강력한데 비하여 체계적으로 배울 수 있는 자료는 너무 부족했다. 공식적인 매뉴얼에 의존하기에는 너무 어려웠다. 오토스토어 소프트웨어와 하드웨어 전문가, WES 물류시스템 전문가들이 각각의 전문지식으로 무장되어 있어 전체를 아우르는 것이 어려웠다.

오토스토어는 아름다운 퍼즐과 같은 시스템이다. 오토스토어의 그리드(Grid), 로봇(Robot), 포트(Port) 등 하드웨어만으로 움직이는 시스템이 아니다. 물류 관련 지식들을 이해하고 WES 물류시스템과 매끄럽게 연결해야 비로소 아름다운 퍼즐이 완성된다.

오토스토어를 이제 막 검토하는 기획자, 실제로 개발하는 개발자, 이미 운영되고 있는 물류현장의 실무자들에게 하나의 언어로 시스템을 이해하고 활용할 수 있도록 도움을 줄 수 있도록 가장 기본적인 오토스토어의 원리부터 시작해서, 시스템을 구축하는 방법, 시스템을 좀 더 효율화하는 방법, 개발 관련한 노하우 등 오토스토어 구축 프로젝트를 거치며 얻은 실전 지식들을 최대한 담으려 노력하였다.

이 책은 오토스토어를 여섯 개의 챕터로 구성하고 있다.

1. **오토스토어 개요**: 오토스토어의 개요, 핵심 구성요소, 작동원리, 다른 자동화 시스템과의 차별화된 내용 등에 대해 설명한다.

2. **오토스토어 기초**: 오토스토어의 용어, WES 시스템과의 관련성, 포트 (Port) 운영 프로그램, 오토스토어와의 인터페이스 방법, 오토스토어 관리 소프트웨어 등에 대해 설명한다.

3. **오토스토어 주요 프로세스**: 오토스토어를 활용한 입고, 출고, 재고관리 관련 프로세스를 소개하고, 개발하는데 필요한 고려사항 등에 대해 설명한다.

4. **오토스토어 도입**: 시스템 도입의 필요성 검토부터 제안요청서 발송, 평가, 프로젝트 착수 단계까지의 절차와 검토사항들을 담았다.

5. **오토스토어 구축**: 오토스토어를 구축하기 위한 전략, 구축절차, 구축시 고려해야 할 사항들을 정리하였다.

6. **오토스토어 FAQ**: 이럴 땐 어떻게 해야 하지? 라는 질문들을 모았다. 검토, 구축, 운영단계에서 발생하는 여러 문제들에 대한 궁금증을 해결할 수 있도록 Q&A 형식으로 정리했다.

끝으로, 이 책이 출판될 수 있도록 함께 고민하고 의견과 도움을 주신 JC헬스케어 정은균 대표님, 김욱기 부사장님과 오토스토어 코리아 전주용 부장님 그리고 아세테크 WES팀 유현수 님, 조승완 님, 신지빈 님, 김싱수 님 등 도움을 주신 많은 분들께 감사의 말씀을 올린다.

라이선스 및 제약사항

이 책은 오토스토어를 처음 접하는 초보자, 실무자들이 보다 쉽게 이해하고 활용하기 위한 용도로 만들어졌다.

이 책의 내용은 오토스토어의 기능 업그레이드 및 변경 등의 사유로 인해 이 책에서 기술하거나 설명한 내용이 정상적으로 수행되지 않을 수 있다. 따라서 실무에 적용시에는 충분한 검토와 테스트가 필수적이며, 이 책으로 인해 발생되는 오류나 손해에 대해서 어떠한 책임도 없음을 알린다.

또한, 사전 동의 없이 내용 전체 또는 일부를 무단으로 배포하거나, 이를 영리의 목적으로 사용할 수 없다.

이 책을 읽으면서 추가 궁금한 사항, 요청사항 등이 있을 경우 아래의 연락처로 연락 바란다. 아무쪼록 이 책이 독자들에게 도움이 되기를 기대한다.

〈문의 메일〉
김정현 kjh105208@naver.com, jhk9022@asetec.co.kr
박종석 jspark@asetec.co.kr

목 차

제1장. 오토스토어 개요
1. 공기를 저장하는 창고 13
2. 오토스토어 시작 16
3. 오토스토어 핵심 구성 18
4. 오토스토어 작동 원리 34
5. 오토스토어 도입 효과 41

제2장. 오토스토어 기초
1. 기본개념 및 용어 49
2. WES(물류시스템) 73
3. 포트(Port) 운영 프로그램 77
4. 오토스토어와 인터페이스 방법 81
5. 오토스토어 관리 소프트웨어 85

제3장. 오토스토어 주요 프로세스
1. 입고 99
   가. 개요 99
   나. 입고 빈(Bin) 지정 방식 101
   다. 빈(Bin) 수동 지정 입고처리 103
   라. 빈(Bin) 자동 지정 입고처리 106
   마. 입고 분석 110
2. 출고 112
   가. 개요 112
   나. 오토스토어 출고 방식 116
   다. 작업 준비율(Prepared Rate) 119
   라. 출고 처리 122
   마. 출고 분석 124

목 차

3. 재고관리 129
    가. 재고조사 129
    나. 빈(Bin)호출 132
    다. 빈(Bin) 조각모음 136
    라. 그리드(Grid) 최적화 139
    마. 인공지능(AI) 최적화 144
    바. 재고분석 148

제4장. 오토스토어 도입
1. 시스템 도입 필요성 검토 156
2. 시장조사 및 기초지식 습득 157
3. 도입범위 및 예산검토 160
4. 제안요청서(RFP) 발송 161
5. 제안서 접수 162
6. 서류심사 및 현장방문 163
7. 제안평가 및 우선협상 164
8. 최종 업체선정 및 프로젝트 착수 166

제5장. 오토스토어 구축
1. 구축 전략 171
2. 구축 절차 172
3. 구축시 고려사항 180

목 차

제6장. 오토스토어 FAQ 185
  1. 오토스토어로 빠르게 입출고 할 수 있나? 182
  2. 오토스토어는 인공지능(AI) 시스템인가? 187
  3. 특정한 빈(Bin) 하나를 그리드(Grid) 특정 위치로 이동할 수 있는가?. 189
  4. 오토스토어만으로 물류 업무 처리가 가능한가? 190
  5. 긴급한 출고가 발생되면 어떻게 해야 하는가? 194
  6. 입고업무에서 고려해야 할 사항은? 196
  7. 출고업무에서 고려해야 할 사항은? 198
  8. 오토스토어는 우리가 입고를 하는지, 출고를 하는지 알수 있나? 199
  9. 오토스토어 도입 시 MS-SQL Server DB를 설치 용도는 무엇인가? 200
  10. 충전기 부근에는 빈(Bin)을 왜 보관하지 못하나? 201
  11. 그리드(Grid) 가장 아래(16단)에 있는 빈(Bin)을 출고하는데
      얼마나 걸릴까? 203
  12. 오토스토어는 얼마나 작게? 얼마나 크게 만들 수 있나? 204
  13. 어떤 업체에 오토스토어 구축 프로젝트를 맡겨야 하나? 205
  14. 제안한 오토스토어의 성능을 어디까지 믿어야 하나? 206
  15. 로봇(Robot)이 고장으로 움직이지 않으면 어떻게 해야 하나? 207
  16. 오토스토어의 주요 활용 분야는? 209
  17. 다양한 규격의 오토스토어 빈(Bin)을 하나의 오토스토어에서
      운영할 수 있나? 212

제 1 장

오토스토어 개요

제1장에서는 오토스토어의 개념과 탄생 배경, 핵심 구조를 통해 시스템의 전체적인 이해를 다룬다. 기존 창고의 비효율을 해결하기 위해 개발된 오토스토어는 그리드, 로봇, 빈, 포트, 컨트롤러가 유기적으로 작동하는 고밀도 보관·자동화 시스템이다. GTP 방식, 파레토 법칙, 고가용성 구조를 기반으로 높은 효율성과 안정성을 제공하며, 공간 절감, 생산성 향상, 시장 대응력 강화 등 다양한 도입 효과를 보여준다.

오토스토어 이해와 활용

큐브형 로봇 물류 자동화 시스템

1. 공기를 저장하는 창고

1990년대 중반 노르웨이 작은 도시인 네드레 바츠(Nedre Vats)에서 하텔란드 그룹(Hatteland Group)의 창업자였던 야콥 하텔란드(Jakob Hatteland)의 사업은 빠르게 성장하고 있었고 새로 지은 창고가 한 달 만에 가득 차는 문제를 안고 있었다.

이때 하텔란드 그룹의 기술이사였던 잉바르 호그날란드(Ingvar Hognaland)는 이러한 문제를 해결하기 위해 고민했다. 기존의 물류 창고 보관 시스템은 재고를 보관하기 위해 필요한 통로와 선반 사이의 비효율적인 공간에 주목했다. 즉, 창고에서 상품을 보관해야 할 공간에 공기가 더 많이 보관되고 있다는 것이었다.

blog.naver.com/forthemoon88/223834114831

[그림 1-1] 일반 파레트랙 창고 예시

그는 이 문제를 해결하기 위한 방법을 단순히 창고를 확장하거나 새로운 창고를 물색하기 보다는 새로운 관점으로 해결을 시도했다. '어떻게 창고를 확장할까?'라는 질문 대신에 '어떻게 하면 창고 내 비효율적인 공간을 제거할 수 있을까?'라는 본질적인 문제에 집중한다.

이러한 문제의 재정의가 기존의 물류 시스템의 한계를 벗어나 완전히 새로운 접근법으로 "오토스토어"가 탄생할 수 있었던 배경이 된다.

호그날란드는 창고의 비효율을 해결할 열쇠를 루빅스 큐브에서 찾았다. 그는 모든 박스들이 촘촘하게 쌓여 있고, 필요한 박스만 위로 끌어올려 빼내는 방식이 창고의 비효율을 해결할 수 있는 열쇠라고 생각했다.

항만이나 컨테이너 화물선에서 수많은 컨테이너들이 입출고되고 보관하는 방식과 거의 동일하다. 하지만, 지금까지 창고에서 적용된 사례가 없었기 때문에 획기적인 전환점이 되기에 충분했다.

그는 통로 없이 상품을 담은 플라스틱 빈(Bin)을 바닥부터 천장까지 빽빽하게 쌓고, 그 위를 로봇이 오가며 필요한 빈을 꺼내는 시스템을 구상했다. 이 아이디어는 기존 창고의 통로를 없애고, 전체 저장 공간을 수직으로 극대화하여 저장 밀도를 획기적으로 끌어올리는 혁신적인 발상으로 이어졌다.

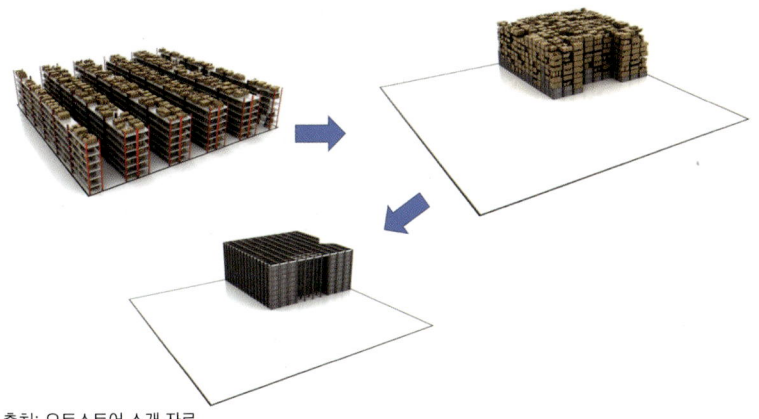

출처: 오토스토어 소개 자료

[그림 1-2] 기존 창고를 오토스토어 전환 예시

2. 오토스토어 시작

호그날란드는 오토스토어의 개념을 구체화하고 관련 특허 출원을 시작했다. 같은 해, 야콥 하텔란드는 통로 없이 상품을 담은 플라스틱 빈(Bin)을 바닥부터 천장까지 빽빽하게 쌓고, 그 위를 로봇이 오가며 필요한 빈을 꺼내는 시스템의 잠재력을 간파하고 두 사람은 오토스토어사를 1995년에 설립한다.

초창기 시장 반응은 냉담했다. 많은 이들이 이 아이디어가 현실적인지 의구심을 가졌고, 제품의 안정성에 대한 의구심을 제기했다. 이러한 시장의 저항에도 불구하고, 야콥 하텔란드는 굴하지 않고 엘리먼트 로직(Element Logic)사와 긴밀한 협력으로 문제를 해결했다.

재고 사이를 정확하게 이동하고 BIN(저장단위)에 담긴 물건을 운반해야 하는 기술은 당시로서는 매우 도전적인 과제였다. 로봇이 BIN을 정확히 들어올리는 기술, 여러 로봇들이 충돌 없이 효율적으로 움직이도록 제어하는 기술, 물류현장의 열악한 환경에서 장시간 안정적으로 운영할 수 있는 내구성과 안정성을 확보해야 하는 수많은 난제들이 있었다.

그들은 수많은 시행착오 끝에 보안장비 공급업체 엘로텍(Elotec)사에 오토스토어의 첫 번째 오토스토어를 판매하고 2005년에 첫 상용 가동을 시작했다. 그보다 앞서 2002년에 창업자의 회사인 하텔란드 로지스틱스(Hatteland Logistics)에서 첫 프로토타입 시스템을 설치·운영하여 시스템을 검증하고 오토스토어의 시작을 알린다.

이 시스템들은 실제 놀라운 성능과 효율성을 증명하면서 점차 오토스토어는 시장에서 주목 받기 시작한다.

www.autostoresystem.com/kr/industries/3pl
[그림 1-3] 오토스토어 보관 예시

3. 오토스토어 핵심 구성

오토스토어는 로봇(Robot), 그리드(Grid), 빈(Bin), 컨트롤러(Controller), 포트(Port) 총 다섯 가지의 핵심 구성요소를 기반으로 한다.

컨트롤러(Controller)가 두뇌 역할을 수행하며 로봇, 그리드, 포트 그리고 빈(Bin)들을 유기적으로 연결·제어하며 효율적으로 보관 및 입출고 업무들을 자동화한다.

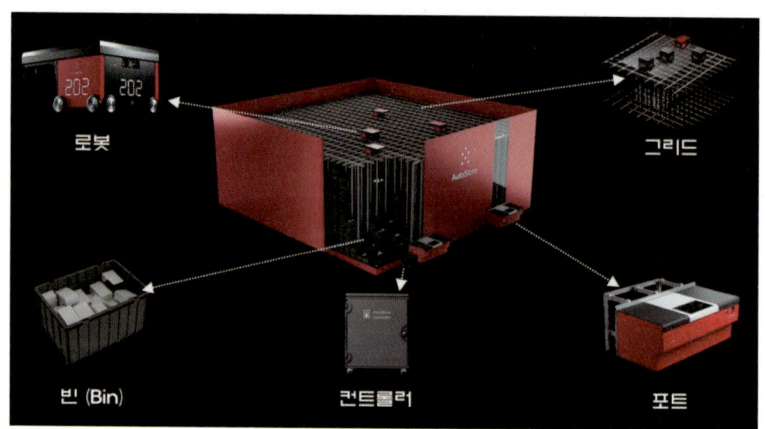

출처 : 아세테크 기술소개 자료

[그림 1-4] 오토스토어 핵심 구성요소

〈표 1-1〉 오토스토어 핵심 구성

핵심구성	핵심역할	특징 및 기능
컨트롤러 (Controller)	시스템의 두뇌 역할	- 모든 로봇의 움직임을 제어하고, BIN 재고관리를 실시간 계획하고 관리한다.
로봇 (Robot)	BIN 운반 및 재고관리	- 그리드 위를 움직이며 BIN을 운반한다. - 각 로봇들은 컨트롤러의 통제하에 독립 운영한다. - 운영 중에도 로봇을 추가 및 제거(고장)할 수 있다.
그리드 (Grid)	BIN 보관 프레임 및 이동 통로	- 알루미늄 소재의 격자 구조물이다. - BIN을 보관 프레임 역할과 로봇의 이동 경로로 활용 된다. - 평평한 바닥만 있으면 설치 가능하다. - 운영 중 유연하게 증설 및 축소할 수 있다.
빈 (Bin)	상품 보관 용기	- 상품을 담는 플라스틱 박스 형태이다. - 내부 칸막이를 통해 재고를 분리/보관할 수 있다.
포트 (Port)	작업대 (워크스테이션)	- 출고(주문처리) 및 입고 작업이 이루어지는 공간이다. - 작업자가 서있는 자리에 로봇이 BIN을 전달한다. - 다양한 작업 환경에 맞춘 여러 유형이 존재한다. 예) 컨베이어, 캐로셀 등

가. 컨트롤러(Controller)

컨트롤러는 오토스토어의 두뇌 역할을 하는 핵심 구성요소이다. 컨트롤러는 모든 로봇의 움직임을 제어하고, 빈(Bin) 상태를 실시간으로 추적 관리하며 전체 시스템의 작동을 총괄하는 역할을 수행한다.

[그림 1-5] 오토스토어 컨트롤러(Controller) 내외부

컨트롤러는 일종의 서버와 유사한 하드웨어와 소프트웨어의 집합체이다. 내부를 살펴보면 서버, 네트워크, 무정전전원장치(정전 대비) 등이 통합된 형태이다. 컨트롤러는 다음과 같은 주요한 역할을 수행한다.

- **로봇 동선 관리**: 로봇들이 그리드(Grid) 위에서 서로 충돌하지 않고 가장 효율적인 경로로 이동할 수 있도록 로봇들의 교통 통제 역할을 담당한다.

- **상태관리**: 시스템에서 관리되는 모든 빈(Bin)과 로봇(Robot), 포트(Port)의 위치와 상태를 실시간으로 파악하고 추적한다.

- **작업계획 수립**: 처리해야 할 작업이 수신되면 컨트롤러는 어떤 로봇이 어떤 빈(Bin)을 어디로 이동 해야 하는지, 어떤 순서로 작업해야 하는지 최적의 작업 계획을 수립하고 지시, 관리한다.

- **WES(물류시스템) 인터페이스**: 물류 업무를 실제 총괄 관리하는 WES(물류시스템)과 실시간 인터페이스를 수행한다. WES시스템에서 지시 받은 작업계획을 수행하고 그 결과를 WES시스템으로 전달하는 역할을 수행한다.

- **모니터링**: 오토스토어에서 이루어지는 모든 진행 상황을 시각적으로 관리자들에게 제공한다. 만약, 문제가 발생되면 이를 관리자에게 즉각 통보한다.

나. 로봇(Robot)

오토스토어의 로봇(Robot)은 그리드(Grid)에 보관되어 있는 빈(Bin)을 꺼내고, 이동하고, 다시 보관하는 역할을 수행한다. 오토스토어에 보관된 빈(Bin)의 물리적 이동을 책임지는 주체다.

로봇이 원하는 빈(Bin)의 위치로 이동한 후 집게(Gripper)를 아래로 내려서 빈(Bin)을 그리드(Grid) 상단으로 이동시킨다. 만약, 원하는 빈(Bin)이 다른 빈(Bin) 아래에 있다면 상단의 빈(Bin)을 모두 다른 곳으로 이동 후 원하는 빈(Bin)을 가져온다.

파묻혀 있는 빈(Bin)을 끌어 올리는 과정을 오토스토어에서는 디깅(Digging)이라 부른다.

깊이 묻혀 있는 빈(Bin)을 끌어 올리는 디깅(Digging) 때문에 오토스토어는 효율성이 떨어질 것이라는 오해가 많은데, 오토스토어는 이를 다양한 방법으로 해결하고 있다. 상세한 내용은 별도의 장에서 자세히 다루도록 하겠다.

오토스토어는 고객의 다양한 요구에 맞춰 다양한 종류의 로봇 모델을 제공한다. 지금도 로봇의 속도를 높이는 것을 넘어 다양한 온도, 환경, 다양한 유형의 상품을 관리하기 위해 지속적으로 업그레이드 및 새로운 모델을 출시하고 있다.

www.autostoresystem.com/kr/system/robot-r5

[그림 1-6] 오토스토어 레드라인 로봇 이미지

레드라인 로봇은 가장 대중적인 로봇의 형태이다. 2024년 기준 60개 국 이상에서 6만 4천대 이상 운영되고 있는 만큼 범용적이고 높은 신뢰성을 가진 모델이다. R5, R5+, R5Pro, R5+Pro등 다양한 세부 모델이 존재한다.

〈표 1-2〉 주요 로봇 모델 및 특징

모델명	주요특징	지원BIN (높이)
R5	기본형모델, 높은 신뢰성	220mm, 330mm
R5+	R5의 확장형, 더 큰 BIN 지원	220mm, 330mm, 425mm
R5 Pro	대규모 작업에 최적화, 충전 효율 증대	220mm, 330mm
R5+ Pro	대규모 작업 및 모든 BIN 크기 지원	220mm, 330mm, 425mm

오토스토어 핵심 구성   23

다. 그리드(Grid)

그리드(Grid)는 겉으로 보면 빈(Bin)들을 보관하기 위한 단순한 알루미늄 격자 구조물로 보인다. 하지만 오토스토어 그리드(Grid)는 물류의 비효율을 뒤집어 혁신이 가능하게 만드는 중요한 핵심 요소이다.

그리드(Grid)는 상품이 보관된 빈(Bin)을 공기 없이 빽빽하게 보관할 수 있는 구조물 역할과 동시에 천정 위에서 로봇이 이리저리 움직일 수 있는 도로 역할을 동시에 수행한다

www.autostoresystem.com/kr/system/robot-r5
[그림 1-7] 오토스토어 그리드 구조 및 그리드 상단

그리드 상단에 로봇이 X축(세로)과 Y축(가로)으로 자유롭게 이동할 수 있는 레일이 깔려 있는데 로봇(Robot)들은 이 레일로 마치 안전한 기차처럼 빠르고 안전하게 이동할 수 있다.

이를 통해 기존 창고에서 비효율로 지목된 통로를 완전히 제거할 수 있다. 통로라는 비효율적인 공간을 제거함으로써 오토스토어는 동일한 면적에 훨씬 더 많은 물건을 보관할 수 있게 된 것이다.

종합하면, 그리드(Grid) 덕분에 창고 면적, 창고 비용(소유 또는 임대 비용, 관리비용, 작업비용) 등 전체 물류 비용을 획기적으로 줄일 수 있다.

[그림 1-8] 그리드 측면 및 그리드 레일(Rail)

또 하나의 장점으로 유연성, 확장성을 꼽을 수 있다. 가벼운 알루미늄으로 만들어져서 설치가 쉽고, 창고의 기둥이나 장애물 주변을 피해 자유로운 형태로 만들 수 있다.

마치 레고 블록처럼 비즈니스 성장에 따라 그리드(Grid)와 로봇, 빈(Bin)을 필요한 만큼만 추가할 수 있다는 뜻이다. 그것도 운영 중단 없이 언제든지 가능하다.

출처: 오토스토어 소개 자료

[그림 1-9] 복잡한 형태의 그리드 예시

라. 빈(Bin)

빈(Bin)은 상품을 담는 플라스틱 형태의 용기를 말한다. 빈(Bin)은 단순한 상자 역할 뿐만 아니라 로봇이 운반하는 기본 단위이다. 빈(Bin)에는 각각 고유한 번호(주소)가 부여되어 관리된다. 고유번호(주소)는 숫자(정수) 형태이다. (예: 100034, 20879, ….)

각각의 빈(Bin)에 부여된 고유번호(주소)를 오토스토어 컨트롤러가 실시간으로 제어 및 관리, 모니터링하기 때문에 언제든지 특정 빈(Bin)이 어디에 있는지 확인할 수 있으며 로봇으로 꺼내고 다시 보관할 수도 있다.

빈(Bin)은 매우 견고하고 내구성이 좋은 플라스틱으로 만들어진다. 고밀도 폴리에틸렌 등의 정전기 방지 소재이며 최대 30kg의 무게를 안전하게 담아낼 수 있도록 설계되었다.

 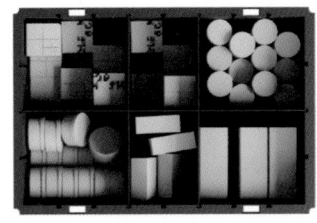

출처: 오토스토어 소개 자료

[그림 1-10] 빈(Bin) 이미지

로봇이 그리퍼(Gripper)를 통해 안전하게 집어야 하며, 그리드(Grid) 보관 시스템의 특성상 차곡차곡 쌓이는 형태로 보관해야 하기 때문에 정밀도 역시 매우 중요하다.

이러한 특성들 때문에 사전에 품질을 인증 받은 플라스틱 박스 제조사만이 빈(Bin) 생산이 가능하다.

빈(Bin)의 크기는 보관할 상품의 크기나 특성에 따라 세 가지 종류의 크기를 선택할 수 있으며 국내에서는 대부분 330mm 크기의 박스가 많이 사용된다.

하나의 빈(Bin)을 종이나 플라스틱 칸막이를 활용해 여러 종류의 상품(SKU)을 동시에 보관할 수도 있다. 예를 들어, 하나의 빈(Bin)을 4개로 분할하여 티셔츠 120장, 휴대폰 100개, 운동화 8켤레, 구두 5켤레를 각각 구분하여 보관이 가능하다.

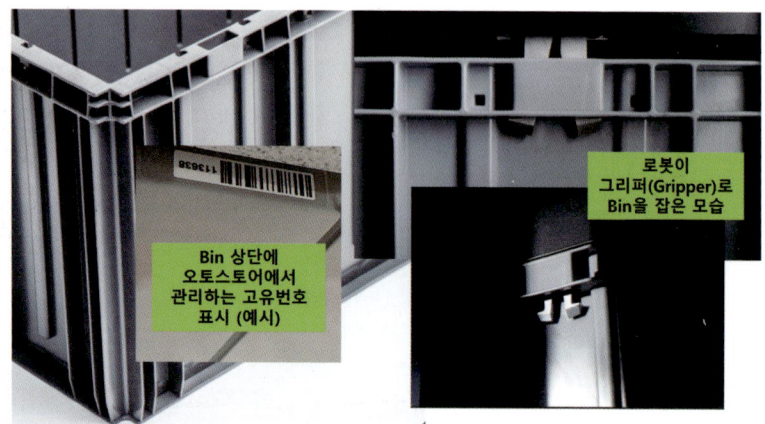

https://www.autostoresystem.com/kr/system/bins

[그림 1-11] 빈(Bin) 고유번호 예시 및 그리퍼 예시

H: 220mm
모든 상품은 "빈"이라고 불리는 표준화되고 특수 설계된 플라스틱 용기에 보관되며, 단독 크기로만 사용됩니다.
- 외부 크기 : 649 mm x 449 mm x 220mm
- 내부 크기 : 603 mm x 403 mm x 202mm
- 적재 단수 : 24단 (빈 높이 5.3m + 펜스 2.2m)
- 최대 30Kg 보관

H: 330mm
모든 상품은 "빈"이라고 불리는 표준화되고 특수 설계된 플라스틱 용기에 보관되며, 단독 크기로만 사용됩니다.
- 외부 크기 : 649 mm x 449 mm x 330mm
- 내부 크기 : 603 mm x 403 mm x 312mm
- 적재 단수 : 16단 (빈 높이 5.3m + 펜스 2.2m)
- 최대 30Kg 보관

H: 425mm
모든 상품은 "빈"이라고 불리는 표준화되고 특수 설계된 플라스틱 용기에 보관되며, 단독 크기로만 사용됩니다.
- 외부 크기 : 649 mm x 449 mm x 425mm
- 내부 크기 : 603 mm x 403 mm x 404mm
- 적재 단수 : 13단 (빈 높이 5.5m + 펜스 2.2m)
- 최대 30Kg 보관

출처: 오토스토어 소개 자료 캡쳐 (2022.5)

[그림 1-12] 다양한 빈(Bin) 규격

출처: 오토스토어 소개 자료 캡쳐 (2022.5)

[그림 1-13] 빈(Bin)을 분할하여 상품을 보관한 예시

빈(Bin)은 오토스토어 시스템 내에서만 사용이 국한되지 않는다. 외부로 이동하여 다른 물류 작업에도 사용된 후 다시 오토스토어의 그리드(Grid)로 되돌아 올 수도 있어 더욱 유연하고 확장성 있는 물류시스템 구축을 가능하게 한다.

www.autostoresystem.com/kr/insights/autostore-transfer-cells-a-versatile-automated-solution

[그림 1-14] 빈(Bin)이 외부 컨베이어를 통해 이동하는 모습

마. 포트(Port)

포트(Port)가 없으면 로봇이 아무리 열심히 일해도 작업자에게 원하는 빈(Bin)을 전달할 수 있는 방법이 없다. 포트는 로봇이 작업자에게 빈(Bin)을 전달하는 항구 역할을 수행한다.

작업자는 직접 해당 상품이 있는 곳까지 이동하지 않는다. 그저 포트(Port) 앞에 서 있으면 원하는 빈(Bin)이 자동으로 온다. 빈(Bin)이 도착하면 원하는 수량만큼 꺼내거나 넣기만 하면 된다.

이러한 작업 방식을 GTP(Goods To Person) 방식이라고 부른다. 사람이 물건이 있는 곳으로 이동하는 것과 반대로 물건이 사람에게로 오는 것이다. GTP 방식은 작업자가 움직일 필요가 없기 때문에 작업 피로도가 낮고 생산성 향상과 정확한 물류를 수행할 수 있는 혁신적인 방식이다.

포트(Port)의 종류는 다양한 유형이 개발되어 사용되고 있지만, 주로 컨베이어 포트(Conveyor Port)와 캐러셀 포트(Carousel Port)가 많이 사용된다.

[그림 1-15] 컨베이어와 캐러셀 포트

<표 1-3> 컨베이어와 캐러셀 포트 비교

구분	컨베이어 포트 (Conveyor Port)	캐러셀 포트 (Carouse Port)
방식	컨베이어 벨트를 이용하여 빈(Bin)을 직선으로 이동	회전하는 3개의 팔(트레이,접시)를 회전
처리량	시간당 180~240빈(Bin) 내외 (운영상황에 따라 다를수 있음)	시간당 400빈(Bin) 내외 (운영상황에 따라 다를수 있음)
장점	단순하고 안정적 구조 설치 공간이 비교적 작음	높은 처리속도 (기다림 최소화) 컨베이어에 비해 공간이 더 필요함
적용환경	높은 처리속도 (기다림 최소화) 컨베이어에 비해 공간이 더 필요함	다품종 소량 처리에 적합

포트(Port)는 로봇보다 보유 대수가 상대적으로 적기 때문에 포트가 고장나면 전체 시스템에서 병목 현상이 발생하여 물류 흐름에 지장을 줄 가능성이 높다.

따라서 고장이 발생하기 전에 미리 사전 정비가 필요하며 추가적으로 예비 포트(Port)를 확보하는 것도 매우 좋은 방법이다.

SwingPort™(스윙포트)
스윙포트는 오토스토어 그리드와의 연결을 유지하면서 보관 구역 바깥에서 작업할 수 있는 공간을 제공합니다.

RelayPort™(릴레이포트)
릴레이포트는 로봇과 작업자 간에 물건을 주고받는 가장 빠른 방법을 제공합니다.

[그림 1-16] 스윙포트와 릴레이포트

포트(Port)는 단순히 물건을 꺼내고 넣는 단순한 기계가 아니다. 오토스토어 물류 시스템의 성공을 좌우하는 핵심 요소 중의 하나로서 포트를 어떤 종류를 도입할 것인지, 몇 대를 도입할 것인지 그리고 세부 운영 방식은 어떻게 할 것인지에 대해 초기 도입 시부터 충분한 검토가 필요하다.

[그림 1-17] 픽업포트와 퓨전포트

앞으로의 포트(Port)는 더욱 더 스마트해진다. 인공지능(AI)이 작업자의 움직임을 분석하고, 최적의 작업 동선을 제안한다. 심지어는 로봇 팔이 직접 상품을 꺼내는 완전 자동화된 포트도 적용되고 있다.

[그림 1-18] 퓨전포트 스테이징 및 베르사포트

www.autostoresystem.com/kr/system/robotic-picking-carousel-ai

[그림 1- 19] 캐러셀 AI 로봇 활용 사례

4. 오토스토어 작동 원리

오토스토어는 다음 세가지 원리를 기반으로 작동된다. GTP(Goods To-Person), 파레토 법칙(Pareto Principle), 고가용성(High-availability system) 시스템이 바로 그것이다.

가. GTP (Goods-To-Person)

오토스토어 시스템의 핵심은 '굿즈-투-퍼슨(Goods-To-Person)'에 있다. 이는 작업자가 창고의 넓은 통로를 이동하며 상품을 찾아다니지 않는다. 대신, 로봇이 필요한 상품이 담긴 빈(Bin)을 직접 작업자에게 가져다 주는 방식이다. 출고 속도가 기존 방식(PTG)에 비해 50% 향상됨을 기대할 수 있다.

www.autostoresystem.com/kr/system/workstations

[그림 1-20] GTP 방식으로 작업하는 작업자 예시

출고 요청이 수신되면 컨트롤러가 로봇에게 명령을 내린다. 로봇은 그리드(Grid) 위를 오가며 지시된 빈(Bin)을 찾아서 포트(Port)로 이동한다. 만약 필요한 빈(Bin)이 다른 빈(Bin) 아래에 파묻혀 있다면 로봇은 위에 있는 빈들을 그리드(Grid) 상단에 잠시 쌓아 두고 원하는 빈(Bin)을 꺼낸다. 작업이 끝난 후에는 임시로 옮겨진 빈(Bin)들을 제자리에 돌려놓는다.

파묻혀 있는 빈을 끌어 올리고 작업이 끝난 후에 다시 제자리로 정리하는 것이 비효율을 초래한다고 생각할 수도 있겠지만 자주 사용되는 빈(Bin)들이 주로 상단에 위치하도록 최적화 작업, GTP 방식의 효율적인 작업방식, 창고 보관 면적의 획기적 축소 등의 효과를 고려해 보면 더 효율적이다.

GTP(Goods-To-Persion) 작업 방식은 단순히 입출고 속도만 높이는 것이 아니라, 작업자의 노동 강도와 오류를 획기적으로 낮출 수 있다.

전통적인 출고작업은 고강도 노동으로 인해 높은 피로도와 이직률, 높은 오류 발생 등을 야기한다. 오토스토어 시스템 도입으로 이러한 문제들을 해결할 수 있을 뿐만 아니라 인건비 절감, 작업자의 만족도, 산업 재해 예방도 부가적 효과로 누릴 수 있다.

나. 파레토 법칙(Pareto Principle) 및 자연 슬로팅(Natural Slotting)

"오토스토어는 디깅(Digging)작업 때문에 출고 속도가 느리다!"라는 고정관념을 깨는 기본원리가 바로 파레토 법칙(Pareto Principle)과 자연 슬로팅(Natural Slotting) 개념이다.

파레토 법칙(Pareto Principle)은 전체 매출의 약 80%는 상위 20%의 상품(SKU)에서 발생 한다는 통계적 개념이다.

실제 많은 기업들의 매출을 분석해 보면 주력 상품 매출이 전체 매출의 대부분을 차지한다. 나머지 상품의 매출은 상품 수는 많지만 매출 규모는 그다지 크지 않은 경향을 보인다.

오토스토어도 출고 할 상품의 빈(Bin)을 로봇이 포트(Port)로 가져 갔다가 다시 그리드(Grid)에 돌려놓을 때 자연스럽게 그리드(Grid) 상단에 주로 놓여진다. 자주 팔리는 인기 상품일수록 빈(Bin)이 자주 호출되기 때문에 그리드(Grid) 최상단에 배치되어 있을 확률이 그만큼 높아진다.

반대로, 덜 팔리는 상품은 자연스럽게 그리드(Grid)의 아래로 가라앉게 된다. 왜냐하면 잘 팔리는 상품들이 그리드(Grid) 상단으로 이동하기 때문이다.

결과적으로, 출고 요청이 수신되면 이미 잘 팔리는 상품들이 그리드(Grid) 상단에 위치해 있기 때문에 로봇은 빠르게 찾아서 출고를 진행할 수 있게 된다.

이러한 원리 덕분에 오토스토어는 작은 공간에서 많은 상품들을 보관하면서 입출고 속도도 빠르게 진행할 수 있는 것이다.

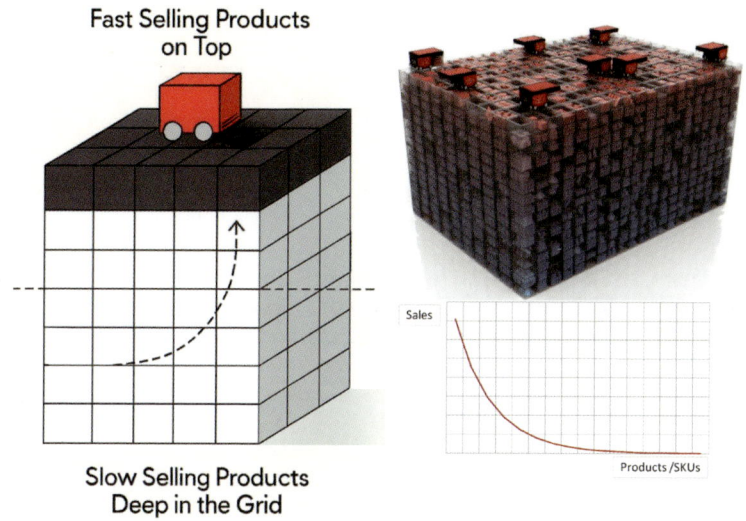

출처: 오토스토어 소개 자료

[그림 1-21] 오토스토어 팔레트 기법 적용 개념

또 비슷한 개념으로, 시간이 지나면서 재고 배치가 입출고를 빠르게 처리 가능한 상태로 자연스럽게 진행되는 현상을 "자연 슬로팅(Natural Slotting)"이라 부른다.

파레토 법칙(Pareto Principle) 과 자연 슬로팅(Natural Slotting) 은 인위적인 개입 없이 시스템 스스로 재고가 최적화됨으로써 재고 관리의 비효율성을 제거해 준다.

"감기약, 알러지약" 과 같이 특정 시즌에 판매가 급증하는 경우 파레토 법칙, 자연 슬로팅의 효과를 적용하기 어렵다. 이러한 경우 WES물류시스템의 최적화 시스템에서 과거 매출실적, 뉴스, 날씨 등의 데이터를 분석하여 빈(Bin)들의 재고 배치를 사전에 재조정하여 빠른 입출고가 가능하도록 대비할 수 있다.

다. 고가용성(High-availability System)

오토스토어 시스템은 로봇, 포트, 컨트롤러 등 주요 핵심모듈들이 멈추지 않고 안정적으로 서비스할 수 있도록 고가용성 기술들이 적용되어 있다.

〈표 1-4〉 운영 효율성 개선 효과

구분	신뢰성 / 안정성 확보 기술	사전 예방정비
로봇	- 여러대의 로봇들이 운영함 - 각각의 로봇들은 컨트롤러에 의해 독립적으로 움직임 - 특정 로봇 장애시에도 다른 로봇에 영향 주지 않음 - 고장난 로봇을 운영시에 바로 운영 가능함	각 장비 Alert 정보, 가동시간 등의 다양한 데이터 분석 사전 예방정비 /교체 진행
포트	- 여러대의 포트를 운영함 - 로봇과 마찬가지로 포트도 각기 독립적으로 실행됨 - 특정 포트 장애시에도 다른 포트에 영향을 주지 않음 - 고장난 포트 수리 완료시 바로 운영 가능함	
컨트롤러	- 콘트롤러 장비 이중화 가능함 - 실시간으로 컨트롤러 관련 데이터를 백업함 - 백업 데이터를 활용해 빠른 복구 가능	

1) 로봇(Robot)

오토스토어에는 보통 수십 대 이상의 로봇들이 동시에 운영된다. 하지만, 로봇들은 각각 완전히 독립적으로 운영되기 때문에 하나의 로봇이 고장 나더라도 다른 로봇들에게 전혀 영향을 주지 않는다.

만약, 하나의 로봇이 고장나면 다른 로봇들이 그 작업을 대신 수행하도록 작업을 위임하고 수리/점검이 가능한 공간으로 이동할 수 있어 시스템 중단이 발생되지 않는다. 고장 난 로봇이 수리 완료되면 운영 중단 없이 바로 로봇을 다시 투입할 수 있다.

2) 포트(Port)

포트(Port)도 로봇과 마찬가지로 2대 이상 운영하는 것이 일반적이다. 왜냐하면 포트(Port)도 불가피하게 고장이 발생하여 사용이 불가할 수 있기 때문이다.

포트(Port)도 로봇과 마찬가지로 시스템이 각기 독립적으로 운영되어 다른 포트(Port)에 어떠한 간섭이나 영향을 주지 않는다.

만약, 포트(Port) 한 대가 고장 난 경우 로봇(Robot)과 같이 다른 포트(Port)에 진행중인 작업을 위임할 수 있다. 물론, 작업들을 위임하려면 로봇(Robot) 보다는 조금 더 복잡한 절차와 과정을 거쳐야 한다.

3) 컨트롤러(Controller)

컨트롤러(Controller)는 오토스토어 주요 모듈 중 가장 핵심적인 장비이다. 이 장비들은 내부적으로 이중화되어 중단이 최소화되도록 설계되어 있다.

추가로, 컨트롤러가 완전히 고장 나서 서비스가 불가능할 경우를 대비하여 오토스토어의 모든 로그(Log) 데이터를 실시간으로 MS-SQL Server에 실시간으로 백업을 수행한다.

만일의 경우, 새로운 컨트롤러(Controller) 장비에 이 백업 데이터를 활용하여 데이터 손실 없이 복구를 진행할 수 있어 더욱 안전한 운영이 가능하다.

평상시에는 로그(Log) 데이터를 Log Publisher 인터페이스로 WES 물류시스템 등에 빈(Bin)의 이동정보, 로봇의 상태정보 등을 실시간에 가깝게 제공 가능하다.

로그(Log) 데이터를 활용하면 각 로봇, 포트 등의 가동시간, 작업실적 등 다양한 데이터를 추출 분석할 수 있다. 고장 발생 확률이 높은 부품이 미리 파악하고 시스템 중단이나 장애를 미리 예방하는데 도움을 줄 수 있다.

또한, 콘트롤러(Controller)는 로봇, 포트, 콘트롤러 장비의 이상 징후를 감지하면 즉시 오류를 관리자에게 통보하는 역할도 함께 수행하기 때문에 더 안정적인 오토스토어 시스템 운영이 가능하다.

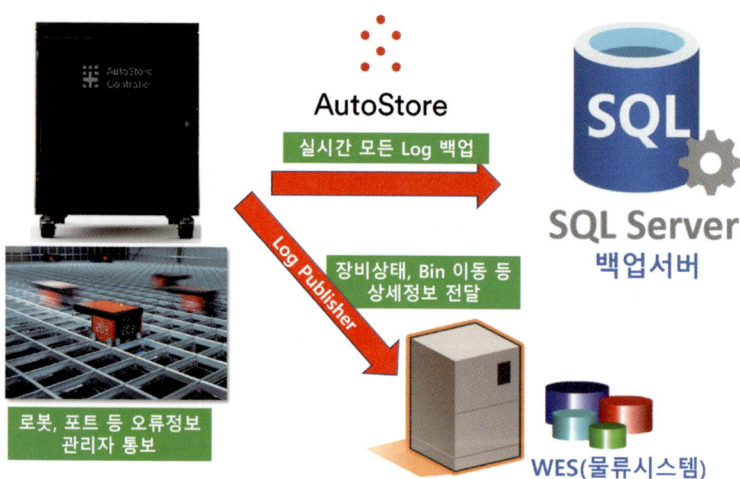

[그림 1-22] 오토스토어 백업 및 로그 활용 예시

5. 오토스토어 도입 효과

오토스토어를 도입하면 효율성 개선, 비용절감, 시장 대응 및 유연성 확보, 신뢰도 향상 등 많은 효과와 효율성을 기대할 수 있다.

가. 운영 효율성 개선

오토스토어를 도입을 하면 직접적으로 체감할 수 있는 효과이다. 오토스토어의 핵심 원리인 고밀도 큐브(Cube) 형태의 그리드(Grid)에 고밀도 보관이 가능하기 때문에 창고 크기를 혁신적으로 축소할 수 있고, GPT 방식으로 업무를 처리하기 때문에 생산성, 재고 정확도 향상 등 운영 효율성이 전반적으로 개선된다.

〈표 1-5〉 운영 효율성 개선 효과

구분	내용
창고 면적 축소	상품을 큐브 형태의 그리드에 고밀도 수직 적재를 할 수 있어 기존의 랙 시스템 대비 최대 75%의 공간을 절약할 수 있다.
생산성 향상	로봇이 상품을 작업자에게 직접 가져다 주는 GTP 방식으로 피킹 속도 향상 작업자는 이동 없이 작업에만 집중할 수 있다.
재고 정확도 향상	오토스토어 시스템이 모든 빈(Bin)을 실시간 추적 관리하기 때문에 재고 오류를 최소로 줄일 수 있다.

나. 비용 절감

운영 효율성 개선을 하면 당연히 비용 절감을 기대할 수 있다.

GTP(Goods-To-Person) 방식의 입출고는 작업자의 피로도를 낮추고 프로세스가 명확하고 단순해진다. 즉, 작업자들을 간단한 교육만으로도 바로 현장에 투입할 수 있기 때문에 인력에 대한 유연성이 높으며, 재고 정확도 향상으로 파손, 착오 등에 따른 비용 손실도 최소화할 수 있다.

최근 인공지능(AI) 피킹 로봇 시스템 도입이 활성화 되면서 24시간 쉬지 않는 물류센터로 바뀌고 있다. 인력이 거의 투입되지 않기 때문에 조명을 켜지 않은 상태에서도 물류작업이 가능해 에너지 절감 효과도 기대된다.

〈표 1-6〉 비용 절감 효과

구분	내용
인력 확보 용이	- 단순 반복 업무를 로봇이 대신할 수 있다. - 짧은 교육 만으로 작업자가 업무를 수행할 수 있기 때문에 인력 확보가 용이하다.
운영 비용 절감	- 자동화된 시스템으로 24시간 운영이 가능하다.
에너지 절감	- 로봇은 기존 물류 장비에 비해 훨씬 적은 전력을 소모한다. - 좁은 공간에 집중적으로 냉난방을 적용할 수 있다. - 작업자가 있는 공간에만 조명을 켜고 운영할 수 있다.
상품 파손 감소	- 로봇이 안정적으로 상품을 보관·관리한다. (지게차 사용에 따른 파손 예방) - 안전한 빈(Bin)에 보관하기 때문에 상품 손상을 최대한 방지한다.

다. 시장 대응 및 유연성 확보

오토스토어는 초보자도 간단한 교육만으로 투입 가능하기 때문에 시장의 급격한 물동량 변화에도 빠르게 대응할 수 있다. 더 나아가 작업자를 인공지능(AI) 피킹 로봇으로 전환하여 24시간 대응 가능한 잠들지 않는 물류센터 전환도 가능하다.

시스템 관점에서도 유연성, 확장성이 매우 뛰어나다. 오토스트어가 운영중인 상태에서도 로봇, 그리드 등의 주요한 모듈을 쉽고 빠르게 확장하거나 축소가 가능하다.

이러한 장점들은 어떠한 상황에서도 빠른 대응을 할 수 있다는 뜻이다. 오토스토어 도입만으로도 신규 사업이나 급변하는 시장 변화에 유연하고 빠르게 대응할 수 있는 기반을 마련할 수 있다.

〈표 1-7〉 시장 대응 및 유연성 확보 효과

구분	내용
유연한 확장성	- 로봇, 그리드 모듈을 쉽게 추가(확장) 또는 제거할 수 있다. - 이를 통해 급변하는 물동량 증가에 대비할 수 있다.
시장 대응력 강화	- 주문 처리 속도와 정확성이 높일 수 있다. - 신속한 물류 서비스 제공으로 새로운 시장 확장에 용이하다.

라. 대외 신뢰도 및 ESG 기여

오토스토어를 도입한다는 것은 고객의 신뢰를 한층 더 강화할 수 있는 방법이다.

오토스토어 시스템은 단순한 자동화 설비가 아니라, 운영의 투명성과 예측 가능성을 극대화하는 혁신적인 시스템이기 때문이다. 오토스토어 도입만으로도 고객과 파트너에게 엄청난 신뢰감이 형성될 수 있다.

더 나아가 "기업의 지속 가능성"을 높이기 위한 ESG 활동(Environment, Social, Governance) 강화에도 크게 기여할 수 있다.

〈표 1-8〉 대외 신뢰도 개선 및 ESG 기여

구분		내용
대외 신뢰도 개선		- 글로벌 기업 다수 도입 검증, 신뢰도 강화
ESG	환경(E)	- 고밀도 보관 구조로 부동산 비용, 냉난방 등 에너지 비용 절감 - 로봇은 타 자동화 설비 대비 현저히 낮은 전력으로 구동
	사회(S)	- 안전을 최우선으로 하는 작업 환경 조성 - 산업재해 발행 위험을 현저히 줄임
	지배구조(G)	- 시장환경, 물동량 급변 등에 적극적인 대응 - 고장, 장애 등 대비 가능한 투명하고 안정적인 시스템

큐브형 로봇 물류 자동화 시스템

오토스토어

오토스토어 이해하기 활용

AutoStore

제 2 장

오토스토어 기초

제2장에서는 오토스토어 운영의 기본 개념과 핵심 용어를 이해하는 데 초점을 둔다. 로봇, 빈, 셀, 포트, 홀 등 시스템 구성 요소별 기능과 역할을 설명하며, 작업그룹·작업(Task) 구조, 디깅 방식, 컨텐츠·카테고리 관리처럼 실제 운영에서 필요한 기초 원리를 다룬다. 또한 WES와의 연계를 통해 오토스토어가 물류 프로세스와 어떻게 상호작용하는지 소개하여 전체 시스템의 동작을 이해할 수 있는 기반을 제공한다.

큐브형 로봇 물류 자동화 시스템
오토스토어 이해와 활용

1. 기본개념 및 용어

가. 로봇(Robot)

오토스토어에서 로봇(Robot)은 빈(Bin)을 실제 옮기는 작업을 실제 수행하는 장비이다. 로봇들은 각기 독립적으로 제어되고 움직이기 때문에 무중단 운영이 가능하며 고밀도 보관을 가능하게 하는 핵심 요소 중 하나이다.

www.autostoresystem.com/kr/system/robot-r5
[그림 2-1] 오토스토어 로봇 작업 예시

로봇(Robot)은 컨트롤러(Controller) 시스템에 사전 등록되어 있어야 한다.

오토스토어 콘솔(Console) 화면을 통해 로봇들을 등록, 제거, 유지보수 등의 작업을 할 수 있으며, 각 로봇들의 상태를 실시간으로 조회할 수 있다. 예시 화면을 살펴보면, 총 27대의 로봇이 등록되어 있으며, 각 로봇의 실시간 상태(위치, 배터리 상태, 운영모드, 옮기고 있는 빈(Bin)번호 등)를 확인할 수 있다.

ROBOT	POSITION	DIRECTION	MODE	BIN	ERROR	BATTERY
1	024, 045	North	Free			93
2	020, 050	North	Free			94
3	023, 040	North	Planner	102345		94
4	017, 047	North	Free			95
5	015, 013	North	Free			93
6	031, 013	North	Free			94
7	015, 011	North	Free			93
8	015, 056	North	Free			93
9	025, 037	North	Free			94
10	013, 034	North	Planner			93
11	013, 033	North	Planner	111881		93
12	016, 051	North	Free			93
13	021, 041	North	Free			94
14	029, 030	North	Free			94
15	013, 043	North	Planner	108609		94
16	033, 036	North	Charger			59
17	027, 046	North	Free			94
18	013, 035	North	Planner	102106		94
19	022, 043	North	Free			93
20	021, 047	North	Free			94
21	029, 027	North	Free			94
22	025, 042	North	Planner	111053		94
23	017, 049	North	Free			94
24	013, 036	North	Planner	108854		94
25	020, 044	South	Free			94
26	024, 039	South	Free			94
27	032, 033	South	Free			93

[그림 2-2] 콘솔에서 로봇 관리 화면 예시

[로봇3]을 기준으로 설명하면 다음과 같다.

- **로봇위치(POSTION)** : 023,040 (X가로23, Y세로50 위치 있음)
- **로봇방향(DIRECTION)** : North (그리퍼가 북쪽 방향인 로봇)
- **이동중인 Bin(BIN)** : 102345 (현재 옮기고 있는 빈(Bin)번호)
- **현재상태 (MODE)** : Planner (작업 수행중)
- **배터리상태 (BATTERY)** : 93% (배터리 잔량)

추가로, 오토스토어 로봇 제어 방식인 "플래너(Planner)"와 "라우터(Router)"의 차이점에 대해 알아두면 좋다.

플래너(Planner)를 간단히 설명하면, 로봇(Robot)이 이동하는 길에 다른 로봇(Robot)이 작업하고 있으면 플래너(Planner)는 그 로봇이 작업이 끝날 때까지 기다렸다가 이동한다.

라우터(Router)는 플래너(Planner)보다 훨씬 더 똑똑하다. 이동하는 길에 다른 로봇(Robot)이 작업하고 있으면 다른 경로로 길을 바꿔서 다음 작업을 진행한다. 결국, 플래너 방식보다 훨씬 더 생산성이 높은 로봇 제어 방식이다.

라우터(Router)는 오토스토어의 소프트웨어 기술 발전의 결과물이다. 로봇의 하드웨어를 교체하지 않고도 성능을 획기적으로 개선할 수 있다.

과거에는 라우터(Router) 로봇 제어 라이선스를 별도의 비용을 받고 판매되었지만, 현재는 더 이상 플래너(Planner) 버전은 판매되지 않는다. 라우터(Router) 라이선스가 기본 설치된다.

〈표 2-1〉 로봇 라이선스 비교

구분	플래너 (Planner)	라우터 (Router)
작동방식	제한적 최적화 (정해진 규칙, 충돌 회피를 위해 대기함)	실시간 경로 최적화 (AI기반 고급 알고리즘, 실시간 예측/최적화)
처리량	상대적으로 낮음	로봇 동시성, 효율성 극대화
비용	기본제공, 구형 라이선스	추가, 상위 라이선스 (최근에는 기본 제공하고 있음)
대상	중소규모 물동량, 초기 투자 비용 절감	대규모 물동량, 효율성 극대화 요구

나. 빈(Bin)

빈(Bin)은 실제 상품을 담을 수 있는 플라스틱 용기를 말한다. 오토스토어에 빈(Bin)이 등록된 이후부터 빈(Bin)의 위치와 상태 등이 실시간으로 추적 관리된다.

https://www.autostoresystem.com/kr/system/bins

[그림 2-3] 빈(Bin) 이미지 예시

빈(Bin)에는 정수 형태의 숫자로 고유번호가 부여된다. 오토스토어는 이 고유번호로 그리드(Grid) 내 어디에 위치하고 있는지 실시간으로 추적 관리한다. 위치 정보 외에도 빈(Bin)의 종류(크기), 내용물의 유형 등 부가정보도 함께 관리된다.

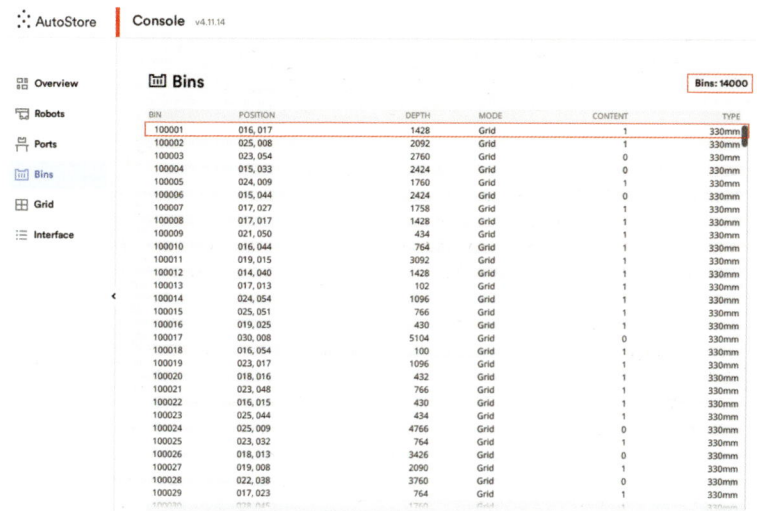

[그림 2-4] 빈(Bin) 현황 조회 화면 예시

예시를 살펴보면 오토스토어에 총 14,000개의 빈(Bin)이 등록되어 있음을 확인할 수 있으며 각각의 빈(Bin)이 어디에 있는지, 내용물(Content) 등의 정보가 실시간으로 관리되고 있음을 확인할 수 있다.

[100001] 빈(Bin)을 기준으로 설명하면 다음과 같다.

- **빈위치(POSTION)** : 016,017 (X가로16,Y세로17에 위치)
- **빈깊이(DEPTH)** : 1,428 (1,428mm 깊이에 보관, 5번째단에 보관, 330mm 감안)
- **내용물(CONTENT)** : 1 (사전 약속된 값, 예) 1:내용물있음, 0:내용물없음)
- **빈규격(TYPE)** : 330mm (높이 330mm의 플라스틱 박스)

오토스토어는 콘솔(Console)에서 시각화된 그리드(Grid) 화면에서 로봇의 움직임과 빈(Bin)들의 상태를 실시간으로 확인할 수 있다.

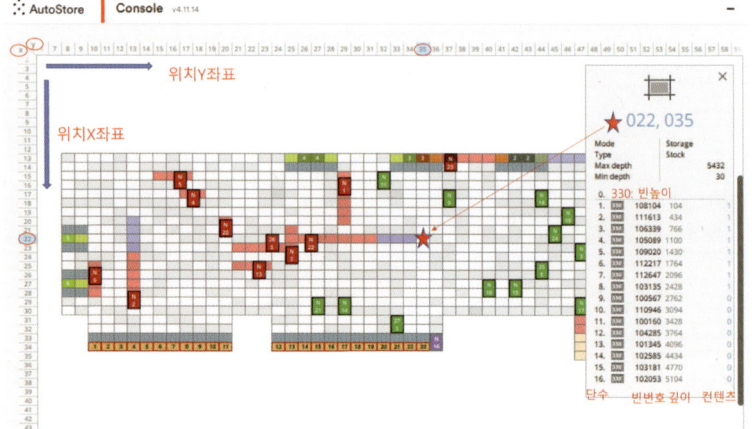

[그림 2-5] 시각화된 빈(Bin) 현황 확인 예시

위치는 세로값이 X좌표, 가로값이 Y좌표이다. 특정 좌표를 클릭하면 상위부터 0단~16단까지 어떤 빈(Bin)들이 보관되어 있는지 상세한 내역들을 확인할 수 있다. 또한, 로봇들의 움직임들도 실시간 확인이 가능하다. 빨간색 로봇은 작업중임을 의미하고 녹색은 현재 대기중인 로봇을 의미한다.

다. 셀(Cell)

셀(Cell)은 그리드(Grid)를 빈(Bin)이 보관되는 크기로 쪼개어진 것을 말한다.

셀(Cell)을 X와 Y의 위치값으로 고유값을 가진다. X는 세로위치, Y는 가로의 위치를 의미한다. 셀(Cell)은 빈(Bin)이나 로봇(Robot)의 위치를 관리하는데 쓰인다.

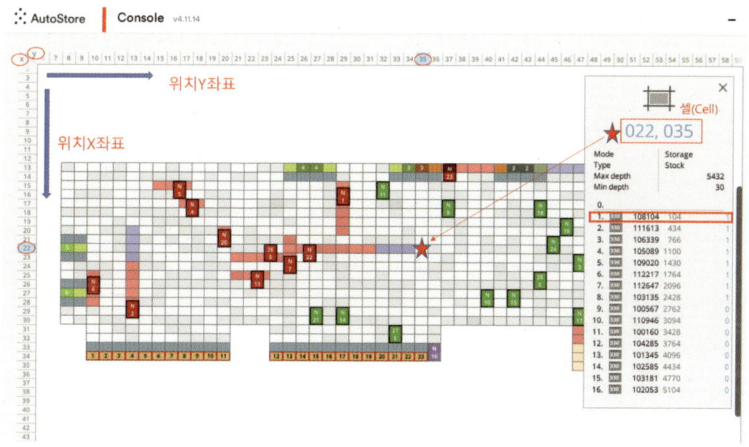

[그림 2-6] 셀(Cell) 표시 예시

빈(Bin)은 위치(Position) 값인 X와 Y값 그리고 깊이(Depth) 또는 단(Bins) 값으로 그리드(Grid)내 위치를 관리한다. (예: 빈(Bin) 108104 는 위치X값 22, 위치Y값 35, 단수 1(깊이 104mm)에 위치함)

빈(Bin)의 위치 관리하는 값 중에서 깊이 또는 단수를 제외하고, 위치(Position) 값 X와 Y값만 포함하면 하나의 셀(Cell)이 된다. (예: 셀 (22, 35) : 위치 X값 22, 위치 Y값 35내 모든 영역)

오토스토어 콘솔(Console)의 그리드(Grid) 메뉴를 통해 상세한 셀

(Cell) 설정 정보들을 확인할 수 있다.

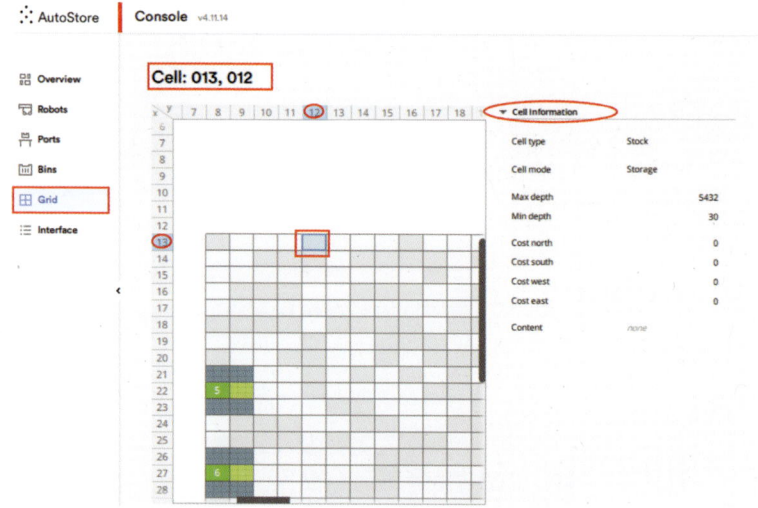

[그림 2-7] 셀(Cell) 설정값 조회 화면 예시

예시에서는 (X, Y)의 위치를 (13, 12)에 위치한 셀의 설정 정보를 보여주고 있다. 그리드 상단에서부터 최소 깊이 30mm, 최대 깊이는 5,432mm의 크기로 구성되어 있음을 보여주고 있다. 이 값을 기준으로 빈(Bin)의 높이를 계산하면 특정 빈(Bin)이 몇 단에 위치하고 있는지 계산할 수 있다.

셀(Cell)의 Content정보를 설정할 수도 있다. 여기에서는 특별히 설정하지 않았기 때문에 모든 빈(Bin)을 보관 할 수 있다. 만약, Content를 설정한다면 특정한 Content 값의 빈(Bin)들만 보관할 수 있도록 제한 가능하다.

이를 응용하면 상온, 냉장상품을 구분하여 보관하는 등 용도에 따라 빈(Bin)들이 보관되는 구역을 세분화하여 관리할 수 있다.

라. 홀(Hole)

홀(Hole)은 오토스토어 입출고 작업을 효율적으로 수행하기 위한 용도로 그리드(Grid) 상에 의도적으로 비워두는 공간이다.

오토스토어는 3차원 형태의 그리드(Grid) 내에 빈(Bin)을 쌓아 보관한다. 만약, 그리드(Grid) 아래 10단에 위치한 빈(Bin)을 꺼내야 한다면 0~9단에 있는 빈(Bin)들을 모두 다른 곳으로 임시로 옮겨야 한다.

https://www.autostoresystem.com/
[그림 2-8] 홀(Hole)을 충분히 확보하고 있는 그리드(Grid) 모습

홀(Hole)은 이 때 필요한 임시적 공간을 말한다. 홀(Hole)은 로봇이 작업 효율성을 높이는 데 중요한 요소이다.

로봇이 빈(Bin)을 파낼 때 비어 있는 공간 홀(Hole)이 근처에 많이 존재한다면 임시적으로 파낸 빈(Bin)들을 바로 옆에 옮겨 둘 수 있다.

반대로, 로봇이 빈(Bin)을 파낼 때 비어 있는 공간 홀(Hole)이 근처에 없다면 임시적으로 파낸 빈(Bin)들을 멀리 이동할 수 밖에 없다.

이 때문에 홀(Hole)이 적정수준 이하로 존재한다면 오토스토어 전체 처리량을 저하시킬 수 밖에 없다. 홀(Hole)은 많으면 많을수록 입출고 속도는 높아질 가능성이 높지만 보관 효율은 떨어질 수 있기 때문에 적정한 홀(Hole)을 유지·관리하는 것이 매우 중요하다.

적정 홀의 개수는 오토스토어 시스템의 전체 크기, 로봇의 수, 예상되는 물동량(throughput) 등 여러 요인에 따라 달라지지만 일반적으로는 다음과 같은 기준을 고려한다.

(1) 로봇(Robot) 대수

각 로봇(Robot)은 작업을 위해 최소 한 개 이상의 홀을 필요로 한다. 따라서 시스템에 투입된 로봇 수보다 홀의 수가 적으면 로봇들이 작업을 기다리는 병목 현상이 발생할 수 있다. 최소 로봇 수의 1.5배에서 2배 이상의 홀은 최소한 확보해야 한다.

(2) 그리드(Grid) 규모

그리드(Grid) 규모가 클수록, 로봇이 빈을 이동시킬 수 있는 경로가 다양해 진다. 따라서 그리드 규모에 비례하여 홀(Hole)의 수를 늘리는 것이 좋다. 일반적으로 그리드 전체 면적의 2~3% 이상을 홀(Hole)로 유지하는 것을 권장한다.

예) 한 단이 850Bin이고 16단 규모 그리드 : 한단 850Bin X 16단 X 3% = 408홀(Hole) 필요

(3) 입출고 추이

출고작업과 입고작업이 자주 일어나는 물동량이 높은 시스템일수록 더 많은 홀(Hole)을 필요로 한다. 부가적으로, 처리되는 상품의 수, 평균적으로 출고할 때 빈(Bin)을 파내는 깊이 등을 고려하면 더욱 좋다.

적정한 홀(Hole)을 유지하고 있는지를 지속적인 모니터링이나 시뮬레이션을 통해 확인하고 조정하는 것이 필요하다.

홀(Hole)은 별도로 설정하는 것은 아니다. 그리드(Grid)에 적정한 빈(Bin)을 채워 넣은 후 나머지 빈 공간을 의미하기 때문이다. 운영 중 추가로 홀(Hole)을 확보하려면 완전히 비어있는 빈(Bin)을 꺼내면 자동으로 홀(Hole)이 증가된다.

마. 포트(Port)

포트(Port)는 작업자가 실제 작업하는 공간이다. GTP(Goods-to-Person) 작업의 핵심 요소로서 작업자는 이동하지 않고 포트(Port)에서 기다리고 있으면 오토스토어 로봇(Robot)들이 포트까지 지시된 빈(Bin)들을 가져다준다. 사용이 끝나면 다시 로봇들은 그리드(Grid)에 다시 가져다 놓는다.

www.autostoresystem.com/kr/system/workstations
[그림 2-9] 포트(Port)에서 입출고 작업을 수행하고 있는 모습

포트(Port) 정보도 오토스토어의 컨트롤러(Controller)에 사전에 미리 등록되어야 한다. 등록된 내역들은 콘솔(Console) 화면의 포트(Port) 메뉴를 통해 확인할 수 있다.

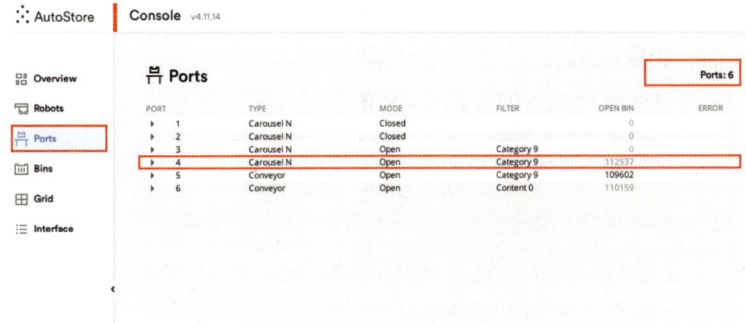

[그림 2-10] 포트(Port) 현황 조회 예시

예시를 보면, 오토스토어에 총 6대의 포트(Port)가 설치되어 있으며 포트의 상태는 실시간으로 업데이트된다.

[4]번 포트(Port)를 기준으로 설명하면 다음과 같다.

- **포트종류(TYPE)** : Carousel N (북쪽에 위치한 캐러셀 포트)
- **포트상태(MODE)** : OPEN (현재 사용중인 상태)
- **작업유형(FILTER)** : 작업그룹(Task Group) 속성 중 카테고리 값이 [9]인 내역을 처리중
  (예: [9] 사전에 출고 작업으로 정의함)
- **작업중 빈(OPEN BIN)** : [112537]빈(Bin) (현재 포트에서 작업중인 빈(Bin)번호)

사. 디깅(Digging)

오토스토어에서 디깅(Digging)은 쉽게 말해 원하는 물건을 꺼내기 위해 위에 쌓여 있는 빈(Bin)들을 잠시 옆으로 치우는 작업을 말한다.

오토스토어는 빈(Bin)들을 큐브 형태로 쌓아두기 때문에, 원하는 빈(Bin)이 맨 아래에 있으면 그 위에 있는 빈(Bin)들을 로봇이 하나씩 들어 올려 다른 곳에 내려놓아야 한다.

들어 올리고, 치우고, 다시 제자리에 놓는 일련의 과정이 마치 땅을 파는 것과 비슷하다고 해서 디깅(Digging)이라는 용어로 불린다.

오토스토어 로봇은 초당 최대 3.5m정도로 빠르게 이동하고, 빈(Bin)을 들어 올리고 내리는 동작이 매우 민첩하다. 맨 아래층에 있는 빈(Bin)을 꺼내기 위해 디깅(Digging) 하는데 걸리는 시간은 평균적으로 3~4분 정도 소요된다. 어느 정도의 홀(Hole)을 확보하고 있는지, 얼마나 많은 로봇이 동시에 디깅(Digging)을 수행하는지에 따라 시간은 달라질 수 있다.

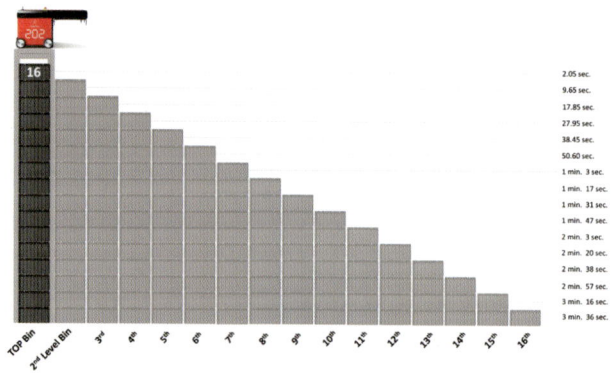

출처: 오토스토어 소개 자료

[그림 2-11] 최하단 빈(Bin) 디깅(Digging) 예상시간

디깅(Digging) 작업을 통해 그리드(Grid) 상단으로 올라온 빈(Bin)들은 사용 후 다시 재출고될 가능성이 높기 때문에 당분간 그리드(Grid) 상단에 보관된다. 출고가 되지 않으면 점차 아래로 위치가 이동되면서 보관된다.

사. 작업그룹(Task Group)과 작업(Task)

그리드(Grid)에 빈(Bin)을 포트(Port)에서 입출고 작업을 수행하려면 작업그룹(Task Group)을 만들고 하위에 여러 개의 작업번호(Task)를 만들어 오토스토어로 전송하면 된다.

오토스토어는 우선순위 등을 고려하여 가장 적합한 작업그룹(Task Group)부터 작업을 순서대로 수행한다.

예외적으로 작업자가 지정한 특정 작업그룹(Task Group)을 우선적으로 수행하는 것도 가능하다. 이러한 경우에는 전체 오토스토어의 속도가 저하될 가능성도 염두에 두어야 한다.

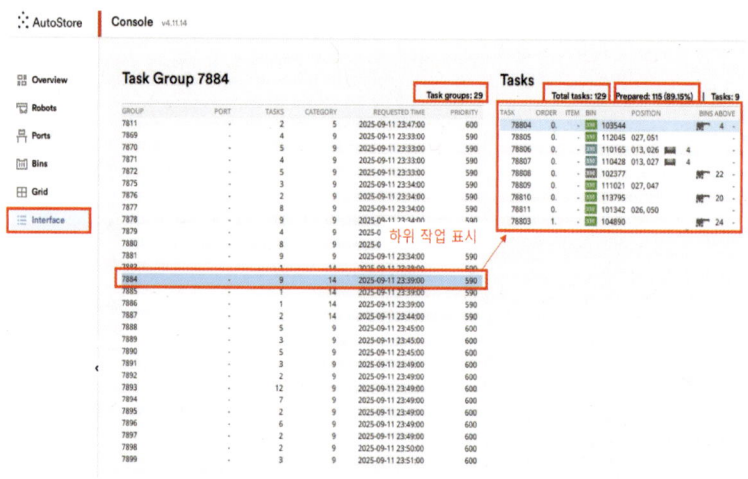

[그림 2-12] 작업그룹(Task Group)과 작업(Task) 조회 예시

예시 화면은 총 29개의 작업그룹(Task Group)이 현재 진행되고 있음을 표시하고 있다. 29개의 작업그룹(Task Group) 내에는 129개의 작업순번(Task)이 포함되어 있다.

129개의 작업순번(Task)이라는 의미는 로봇이 129개의 빈(Bin)을 포트(Port)로 이동하고 입출고 작업이 끝나면 다시 그리드(Grid)로 옮겨야 한다는 것이다.

그리고, 현재 129개의 작업순번(Task) 중에서 115개의 작업 순번(Task)은 디깅(Digging)할 필요 없이 바로 출고 가능한 작업 순번(Task)의 개수다. 즉, 준비가 완료(Prepared)된 작업순번(Task)이라는 의미다.

[115]개 옆에 표시된 [89.15]%는 작업해야 할 총 작업순번(Task)의 건수 대비 디깅(Digging)할 필요 없이 준비된(Prepared) 작업순번(Task)의 비율을 의미한다. 이 비율이 높다는 것은 더 빠르게 출고 가능하다는 뜻이다. 경험적으로 약 40% 이상의 준비율이면 작업자가 원활하게 작업할 수 있는 수준이다.

화면은 [7884]번 작업그룹(Task Group)를 표시하고 있는데 설명하면 다음과 같다.

- **작업할 작업 개수(Task)**: 9 (9개의 작업순번(Task)을 작업해야 함)
- **카테고리(CATEGORY)**: 14 (사전에 약속된 값,
  예: 14는 긴급 출고를 의미)
- **요청시간(REQUEST TIME)**: 9월 11일 23시 39분까지 작업 완료 필요
- **우선순위(PRIORITY)**: 590 (우선순위 값이 작은 Task Group이 더 빨리 작업됨)

작업그룹 하위 [78804]번 작업(Task)을 설명하면 다음과 같다.

- **작업 (Task)** : 78804 (7884 작업그룹의 하위 작업번호)
- **순서 (ITEM)** : 0 (작업의 순서를 결정한다.
  작은 번호가 빨리 작업된다)

- **빈(BIN)** : 103544 (작업에 필요한 빈(Bin) 번호,
   330mm 규격의 빈)
  * [330]은 빈(Bin) 규격, 초록색 표시는 준비완료(Prepared)
- **위치(POSITION)** : 공백 (로봇4번이 빈(Bin)을 잡고 이동중)
  ※ 만약, 그리드에 위치해 있다면 X, Y 좌표가 표시됨
- **BINS ABOVE** : 0 (디깅(Digging)횟수)

아. Ad-hoc Task

물류 현장에서 예상치 못한 일이 발생할 때가 종종 있다. 갑자기 특정 상품의 위치를 바꾸거나, 시스템에 없는 새로운 작업을 해야 할 때가 있다. 작업그룹(Task Group)과 작업순번(Task)를 만들어서 작업을 할 수도 있겠지만 이러한 과정이 더 불편하고 어려운 경우도 있다.

이럴 때 사용할 수 있는 방법이 Ad-hoc Task이다.

'Ad-hoc'이라는 말은 '즉석에서, 특별히'라는 뜻이다. 즉, Ad-hoc Task는 시스템이 미리 계획하지 않은, 즉흥적으로 발생하는 작업을 말한다. 정규 작업 흐름에 속하지 않는 특별한 작업이다.

Ad-hoc Task는 다음의 예시와 같은 상황에서 사용될 수 있다.

- 바코드 오류나 정상적 프로세스를 거치지 못한 경우 수동으로 특정 Bin을 불러와야 할 때
- 특정 상품의 재고가 실제와 다를 때, 해당 빈을 꺼내서 재고를 확인하고 수정해야 할 때
- 특정 빈에 이물질이 들어갔거나, 빈이 파손되어 교체해야 할 때
- 기타 작업그룹(Task Group), 작업순번(Task)로 처리가 어렵거나 불편할 때

Ad-hoc Task는 다른 일반적인 작업그룹(Task Group)보다 높은 우선순위로 수행할 수 있다. 긴급하게 처리해야 할 일이 있을 때, 다른 작업들을 잠시 멈추고 Ad-hoc Task를 먼저 수행할 수도 있다.

하지만, Ad-hoc Task를 너무 자주 사용하거나 무분별하게 사용하면 전체 시스템의 효율을 떨어뜨릴 수 있다. 시스템의 최적화된 흐름을 깨뜨리기 때문에 꼭 필요한 경우에만 한정하여 사용할 것을 권장한다.

Ad-hoc Task는 콘솔(Console)에서 제대로 모니터링이 되지 않는다. 따라서 Ad-hoc Task 처리 내용, 실행 시각, 누가 실행 했는지 등의 로그 데이터를 별도로 기록하는 것이 필요하다. Ad-hoc Task 로그를 통해 왜 시스템의 효율이 떨어졌는지 원인 분석 등이 가능하기 때문이다.

자. 컨텐츠(Content)

빈(Bin)을 설명하면서 컨텐츠(Content)도 간략히 설명하였다. 여기에서는 예시를 통해 어떻게 활용되는지 좀 더 구체적으로 알아 보자.

컨텐츠(Content)는 빈(Bin)에 어떤 제품이 담겨 있는지, 빈의 상태를 알 수 있도록 숫자(Short Integer)로 표현한 값이다.

〈예시〉 오토스토어에 상품을 입고할 때 완전히 비어 있는 빈(Bin)을 호출

- **직접호출**: 물류시스템(WES)에서 재고가 없는 빈(Bin) 번호를 검색하여 직접 호출
  예: WES에서 재고가 없는 빈(Bin)번호 103527, 105100 호출
  (문제점) 다른 작업자들이 동일한 빈(Bin)호출 우려

- **Content활용**: 완전히 비어 있는 빈(Bin)들은 Content값 [0]을 설정함. 빈(Bin)에 재고가 있으면 빈(Bin)들은 Contents 값 [1]을 설정함
  포트(Port)에서 가장 가까운 Content값이 [0]인 빈(Bin) 아무거나 호출
  (해결) 다른 작업자들과 동일한 빈(Bin) 호출되는 현상 예방 가능

위의 예시와 같이 컨텐츠(Content)를 활용하면 오류 없이 원하는 빈(Bin)을 쉽게 호출할 수 있다.

추가로, 컨텐츠(Content) 값을 좀 더 다양한 유형으로 분류하면 좀 더 섬세한 물류 업무를 처리할 수 있다.

〈예시 1〉 빈(Bin)을 2, 4, 8분할되었는지, 빈(Bin)에 상품이 보관 되었는지를 구분 관리

⇒ [10] 1분할 빈(Bin)에 상품이 보관되어 있지 않음
⇒ [11] 1분할 빈(Bin)에 상품이 보관됨
⇒ [21] 2분할 빈(Bin)에 상품이 보관됨

〈예시 2〉 그리드(Grid)에 상온, 냉장, 냉동상품 보관구역을 구분함

⇒ [1] 상온상품 보관 [2] 냉장상품 보관 [3] 냉동상품 보관
그리드(Grid)내 셀(Cell)을 상온[1], 냉장[2], 냉동[3] 전용구역으로 설정
빈(Bin)의 Content 값에 따라서 오토스토어가 자동으로 지정 구역으로 이동

차. 카테고리(Category)

WES 물류시스템는 입출고 작업 지시를 할 때 작업그룹(Task Group)과 작업순번(Task)을 생성하고 오토스토어에 이 데이터를 전송한다.

그런데, 작업그룹(Task Group)번호만으로는 이 작업이 입고작업인지, 출고작업인지, 재고조사 작업인지 알 수 없다. 작업그룹(Task Group) 번호는 임의의 고유번호일 뿐이기 때문이다.

이러한 문제를 해결할 수 있는 열쇠가 바로 카테고리(Category)이다. 작업그룹(Task Group)를 생성할 때 하위 속성값으로 카테고리(Category)를 지정할 수 있다. 이 카테고리 값을 확인하면 이 작업이 어떤 작업인지 구체적으로 구분할 수 있다.

예를 들어, [100] 카테고리는 입고작업, [200] 카테고리는 출고작업, [300] 카테고리는 재고조사 작업이라고 사전 약속되어 있다고 가정해 보자. WES 물류시스템에서 인터페이스를 통해 작업그룹(Task Group)를 생성할 때 작업 유형에 따른 카테고리(Category) 값에 [200]을 지정했다면 이 작업그룹은 출고작업임을 쉽게 알 수 있다.

만약, 작업자가 [출고]메뉴를 실행하고 있다면 카테고리 [200]의 작업그룹(Task Group)만 가져와서 작업을 수행하면 혼선 없이 출고작업을 수행할 수 있다. [재고조사] 메뉴를 실행하면 프로그램에서 [300]번 카테고리에 해당하는 작업그룹(Task Group)만 수행할 수 있는 것이다.

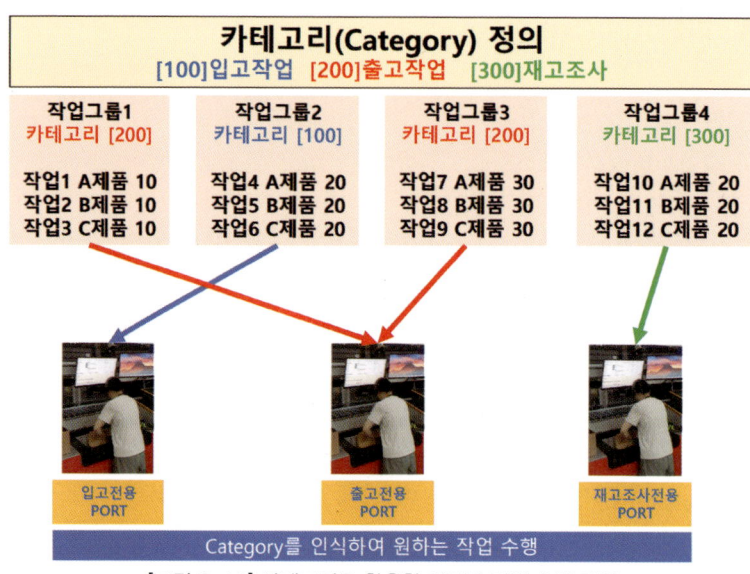

[그림 2-13] 카테고리를 활용한 업무별 작업 수행 예시

2. WES(물류시스템)

오토스토어는 모든 것을 해결해 주는 만능 시스템은 아니라는 사실을 인식해야 한다. 오토스토어는 자동차 엔진과도 비슷하다. 엔진만으로 자동차가 될 수는 없다. 이 엔진을 움직이려면 WES 물류시스템(WMS, WCS 등)이 필요하다.

물류 전체 프로세스 관점에서 이 둘의 역할과 상호 관계에 대해 자세히 알아보자.

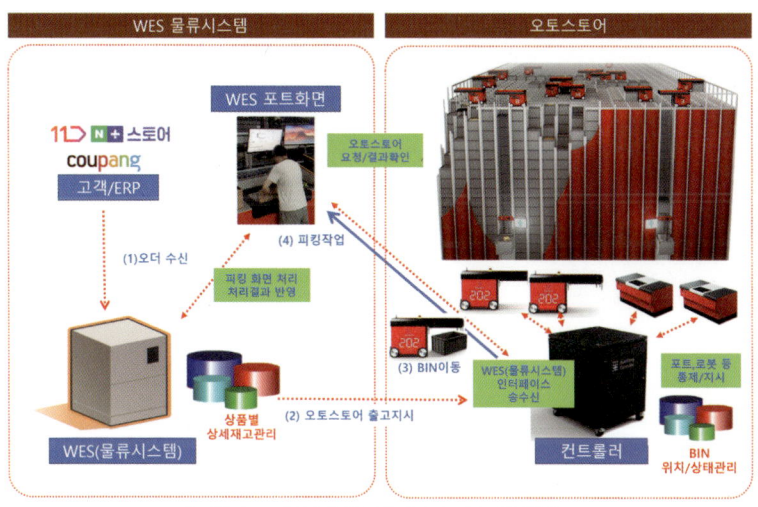

[그림 2-14] 물류시스템과 오토스토어 연계도

온라인 쇼핑몰에 '빨간색 신발' 500개가 입고되었다고 가정해 보자. WES는 이 입고정보를 받아서 창고 내 오토스토어 시스템의 빈(Bin)에 빨간색 신발 500개가 입고되었다고 구체적으로 기록하여 관리한다.

만약, 고객이 이 신발을 10개 주문하면, WES는 "빨간색 신발 재고 500개 중 10개를 차감하여 490개가 남았다"고 기록·관리한다.

종합적으로, WES시스템은 빨간색 신발에 대한 입고, 출고, 재고의 변동이력 그리고 현재 어느 빈(Bin)번호에 몇 개가 보관되어 있는지 매우 구체적으로 관리한다.

이제, 오토스토어를 어떻게 관리하는지 살펴보자.

오토스토어는 빨간색 신발, 재고수량 등 구체적인 데이터는 관리하지 않는다.

대신, 오토스토어는 WES로부터 "빈(Bin) [100234]을 [3]번 포트(Port)로 이동하라"는 명령으로 바꾸어 수신한다. 오토스토어는 단순히 지시하는 빈(Bin)의 물리적위치(예: X좌표 3, Y좌표 5, 상단부터 아래로 7단)를 파악하고 로봇이 그 빈(Bin)을 이동시켜 주는 역할만 수행한다.

오토스토어는 이 빈(Bin)에 빨간색 신발인지, 파란색 신발이 보관되어 있는지 알지 못한다. 단지, [100234]라는 빈(Bin) 고유번호만 인식할 뿐이다.

종합하면, WES 물류시스템이 전반적인 지시, 관리, 상세한 재고관리를 수행하고 오토스토어는 상품을 물류적으로 보관, 이동하는 역할을 수행한다.

오토스토어는 빈(Bin)의 입출고를 수행 하면서 자연스럽게 파레토(Pareto) 법칙, 자연 슬로팅(Natural Slotting)을 기반으로 자주 출고되는 상품은 그리드(Grid)의 상단에, 거의 출고되지 않는 상품들은 자연스럽게 그리드(Grid)의 하단에 위치하면서 효율성을 높인다.

〈표 2-2〉 물류시스템과 오토스토어 역할 비교

구분	WES(물류시스템)	오토스토어
역할	창고 계획, 지시, 관리	상품, 보관 물리적 작업 수행
재고관리	로케이션별 제품, 유통기한, 로트관리, 수량 (실제 상세 재고관리)	빈(Bin,로케이션) 물류적 위치 위주 관리 (실 재고관리는 하지 않음)
주요기능	주문접수, 관리 빈(Bin)별 실시간 재고관리 작업자 업무 지시, 결과 관리	빈(Bin) 보관 및 회수 로봇 경로 및 이동 제어 포트 입출고 관리
재고최적화	데이터 기반 최적화 (사전 예측 최적화 수행, 환경 급변 대응 가능)	자연 슬로팅 기반 최적화 (미출고되는 상품은 아래에 자연스럽게 아래 위치)
단독운영	가능 (수동창고 형태로 운영가능)	불가능 (독자적 물류처리 불가능)

대규모 입고가 진행되었거나, 크리스마스와 같이 물동량이 급변하는 시기에는 갑자기 오토스토어의 처리 속도가 갑자기 떨어지는 문제가 발생할 수 있다. 이 때에는 오토스토어의 자연 슬로팅 기반의 최적화로는 속도 개선을 기대하기 어렵다.

이러한 상황에서 WES 물류시스템은 변화된 상품의 출고패턴을 분석하여 변화된 상황에 맞도록 강제로 최적화 수행을 할 수 있다.

결론적으로, 오토스토어는 그 자체로 강력한 물류 자동화도구이지만, 이 도구를 제대로 활용하려면 WES와 같은 통찰력 있는 물류시스템이 필수적이다. 이러한 물류시스템이 없으면 오토스토어는 바퀴나 핸들 없는 엔진에 불과하다.

오토스토어는 상품을 효율적으로 보관하고 빠르게 피킹하는 물리적 실행을 담당하고, WES는 주문을 접수하고 재고를 통제하며 전체 물류 프로세스를 최적화하는 논리 영역을 담당한다.

이 둘의 협력이야말로 오늘날 첨단 물류의 핵심이라고 할 수 있다. 오토스토어를 도입할 때는 단순히 장비만 도입하는 것이 아니라, 이 장비를 가장 효율적으로 운영할 수 있는 WES를 함께 구축하는 것이 필수적이라는 점을 강조한다.

3. 포트(Port) 운영 프로그램

오토스토어 포트(Port)는 작업자가 로봇과 직접 소통하며 입고(Put-away)와 출고(Picking) 작업을 수행하는 최전선 또는 접점의 역할을 수행한다.

이 포트(Port)에서 작업자가 작업을 수행하기 위해서는 WES 물류시스템과 오토스토어의 작업 지시를 받아 작업자에게 정확한 정보를 전달해야 한다. 작업자가 작업을 수행한 결과의 입력을 받아 다시 WES나 오토스토어로 보내주는 중간 다리 역할을 제대로 수행해야 한다. 이를 해결해 주는 시스템이 바로 포트(Port) 운영 프로그램이다.

오토스토어 시스템은 이러한 포트(Port) 운영 프로그램을 제공해 주지 않는다.

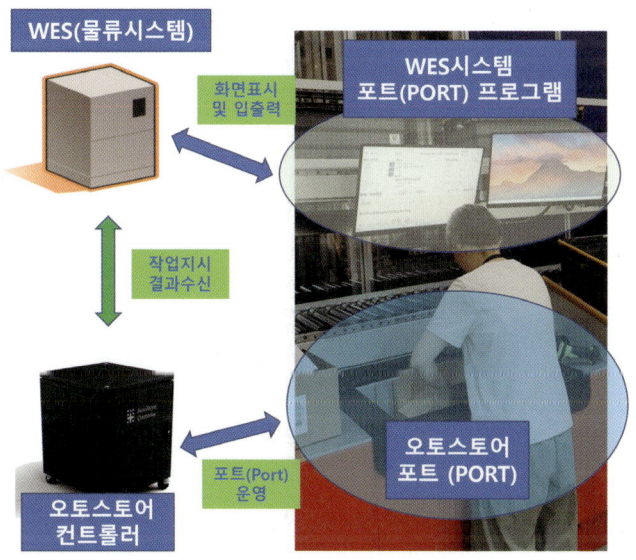

[그림 2-15] 포트 운영 프로그램 개념도

포트(Port) 운영 프로그램은 WES 시스템의 하위 모듈로서 보통 WES 시스템 개발사에서 고객사의 물류 특성을 반영하여 별도 개발해 주는 것이 일반적이다. 오토스토어와 WES시스템과 유기적인 인터페이스가 반드시 필요하다.

포트(Port) 운영 프로그램은 작업자에게 '어떤 상품을 몇 개 꺼내야 하는지', '어떤 빈에 몇 개를 넣어야 하는지'와 같이 작업 지시를 명확한 화면, 음성 등의 방법으로 지시한다. 작업자는 이 지시를 따라 작업을 수행하고, 완료 버튼을 누르거나 바코드 스캔 등으로 작업 결과를 시스템에 반영한다.

포트(Port) 운영 프로그램은 오토스토어 컨트롤러와 WES 사이에서 실시간으로 데이터를 주고 받는다. 예를 들어, 출고 지시를 수신하면 오토스토어 컨트롤러에게 특정 빈을 포트(Port)로 가져오라고 지시하고, 빈(Bin)이 도착하면 작업자에게 화면을 통해 작업 지시내역을 실시간으로 표시하기 위한 인터페이스 작업을 수행한다.

이러한 작업 외에도 오류 방지 역할도 수행한다. 예를 들어, 작업자가 잘못된 바코드를 스캔하거나, 지시된 수량과 다른 수량이 입력되면 경고 메시지나 음성으로 오류를 알려줘 실수를 예방한다.

〈 포트 운영 프로그램 주요 기능 〉
1. **출고(피킹)** : 주문 번호, 상품 이미지, 상품명, 수량 등을 표시.
2. **입고** : 입고지시번호, 상품정보, 수량, 등을 표시
3. **빈(Bin)호출** : 빈(Bin)이나 특정 상품 등이 보관된 빈(Bin)을 불러 올 수 있다.
   입고나 출고시 별도 체크한 빈을 불러서 확인할 수 있다.
4. **재고조사** : 특정한 재고가 정확한지 시스템상 재고와 실재고 일치 여부 확인
5. **빈(Bin) 등록 및 제거** : 오토스토어에 빈을 등록하거나 제거
6. **로그인/인증**: 작업자 ID로 로그인하여 작업 내역을 조회 및 관리

포트(Port) 운영 프로그램은 다양한 물류환경에서 작업자들이 직접 사용해야 하는 프로그램으로 설계, 화면구성, 확장성, 유연성 등을 고려한 개발 및 운영이 필요하기 때문에 높은 수준의 기술 역량과 노하우가 필요하다.

최근에는 음성인식(STT), 음성을 통한 작업지시(TTS), 작업 진행률 관리, 작업 오류체크 및 검증, 도착할 빈(Bin)이 현재 어디에 있고 언제쯤 도착하는지, 토트박스 소요량 계산, 동영상 녹화 및 수량 검증, 인공지능(AI) 활용 등 다양한 첨단기술을 결합하여 보다 높은 수준의 서비스로 고도화 되고 있다.

〈표 2-3〉 포트 운영 프로그램 개발 고려사항

구분	내용
UI/UX	- 직관적 화면 : 작업자가 쉽게 파악하고 작업할 수 있도록 구성 - 터치기반 : 터치가 쉽도록 버튼을 크고, 스크롤 등 최대한 자제 - 실시간 피드백 : 명확한 오류 표시, 음성 등으로 사용자 인지 쉽도록
작업흐름	- 최소한의 클릭과 스캔 처리로 업무 처리 - 화면 이동을 최소화 하고 통합적으로 처리 가능하도록 구성 - 파손, 재고차이 등 예외 발생시 빠른 처리가 가능하도록 구성
안정성	- 빠르고 안정적인 네트워크, 전원 등 이중화 조치 - 로그 기록 관리로 문제점 발생시 빠른 원인 파악 및 조치 - 검증되고 안정적인 개발 환경 구성 : 예기치 않은 중단 제거
유연성 확장성	- 모듈화 : 새로운 기능 추가, 수정시 전체 시스템 영향이 없도록 구성 - 유연성 : 고객의 다양한 요구사항 반영 가능한 확장성 고려 설계 - 다국어 : 다양한 언어 환경 대응

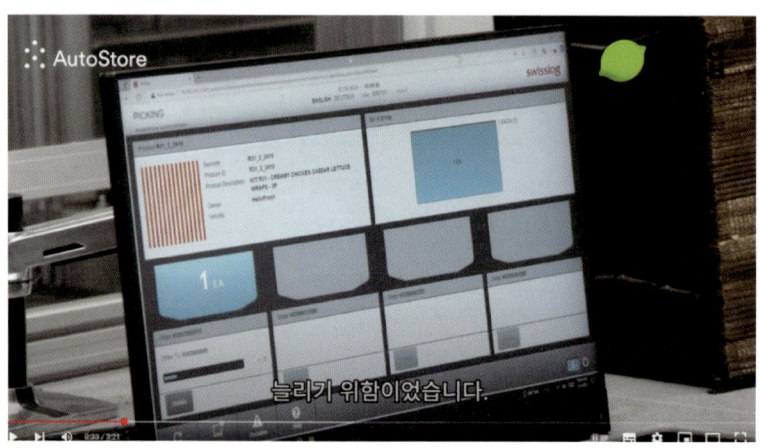

출처: 오토스토어 소개 화면 캡처

[그림 2-16] 해외 포트(Port) 운영 프로그램 화면 예시

출처: 의약품 유통회사 적용 화면 예시

[그림 2-17] 국내 포트(Port) 운영 프로그램 화면 예시

4. 오토스토어와 인터페이스 방법

오토스토어는 WES 물류시스템과 인터페이스(연계)가 필수적이다. 오토스토어와의 인터페이스는 크게 OPEN API 연동 방법과 로그 퍼블리셔(Log Publisher) 데이터 수신 방법이 있다.

[그림 2-18] 주요 인터페이스 방안 개념도

〈표 2-4〉 주요 인터페이스 방식 비교

구분	로그 퍼블리셔 (Log Publisher)	오픈 API (Open API)
통신방식	단방향 (오토스토어 → 물류시스템)	양방향 (오토스토어 ↔ 물류시스템)
주요역할	시스템 이벤트 / 로그 전송	작업 지시 송수신 장비, 작업현황 조회 등
데이터 형식	이벤트 로그 (텍스트 형태)	정형화된 요청 및 응답 (XML 파일 기반)
활용예시	모니터링, 데이터 취합	입출고처리, 재고관리 관련 작업지시 및 결과 확인
특징	시스템 부하 낮음 개발 난이도 낮음 능동적 제어 불가	복잡한 연동 로직 세부 장비 제어 및 관리 가능

로그 퍼블리셔(Log Publisher)를 통해 오토스토어 로봇이나 포트, 빈의 상태를 1초 내외의 지연시간은 있지만 비교적 개발이 용이한 장점이 있다. 하지만, 송신이 불가능하다. 단순히 데이터를 수신만 가능한 단방향 인터페이스 방식이다.

〈표 2-5〉 로그 퍼블리셔 인터페이스 주요 정보

구분	내용	비고사항
정보	- 빈(Bin) 정보 (BIN의 위치, CONTENTS 정보) - 로봇에 대한 기본 정보 - 포트에 대한 기본 정보	최초 실행시 제공
오류	- 로봇, 포트의 오토스토어 오류 발생 정보	상세내역은 콘솔에서 확인 필요
변경정보	- 빈(Bin)의 위치 및 단수(깊이, Depth)가 변경되면 실시간 이벤트 발생	

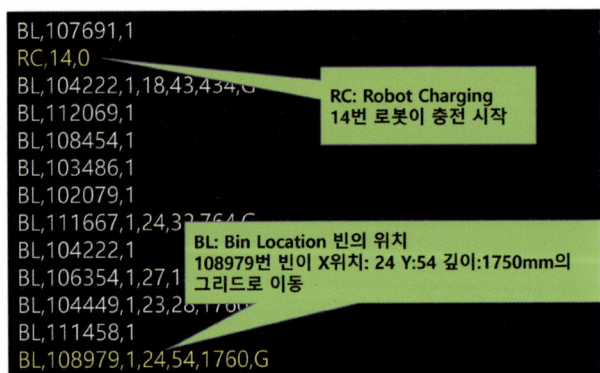

[그림 2-19] 로그 퍼블리셔 데이터 수신 예시

오픈 API(OPEN API)는 로그 퍼블리셔에 비해 복잡도는 높지만, 오토스토어에 직접 작업을 지시할 수 있고, 결과 정보나 진행 상태 등을 확인할 수 있는 확장성 높은 양방향 인터페이스 방식이다.

오토스토어에는 다양한 인터페이스들이 있지만, 여기에서는 개발에 주로 활용되고 있는 포트(Port), 빈(Bin), 작업그룹(Task Group) 및 작업(Task)에 관련된 오픈API 항목들을 정리하였다.

오픈 API는 제3장에서 입고, 출고, 재고관리를 수행할 때 활용한다.

〈표 2-6〉 오픈 API 주요 항목

구분		내용
포트(Port)	OpenPort	– 포트 사용을 시작한다. (카테고리 또는 Content를 지정 해야 한다)
	ClosePort	– 포트 사용을 종료한다.
	GetPortState	– 포트의 상태를 조회한다. – CLOSE, OPEN 등의 상태, 카테고리, 현재 진행중인 작업번호, 빈(Bin) 확인 가능
	FlushPort	– 포트에 남아있는 빈(Bin)을 그리드(Grid)로 돌려 보낸다.
빈(Bin)	GetBinState	– 빈(Bin)의 위치 등을 확인할 수 있다.
	InsertBin	– 오토스토어에 새로운 빈(Bin)을 생성(추가)한다.
	UpdaeBin	– 빈의 정보를 수정한다. (Content 등의 세부 속성을 변경)
	OpenBin	– 특정 포트에서 빈을 호출한다. ※ 작업그룹, 작업번호, 빈번호 등을 입력시 해당하는 빈(Bin)이 호출된다. ※ 아무 입력이 없을 경우 열려있는 포트의 카테고리, Content에 해당하는 빈(Bin) 자동호출
	CloseBin	– 포트에서 사용한 빈(Bin)을 그리드(Grid)로 돌려 보낸다. ※ 빈의 Content 값을 입력하면 동시에 Content 값이 변경된다.
작업그룹 및 작업 (Task Group & Task)	CreateTaskGroup	– 작업그룹을 새롭게 생성한다.
	CancelTaskGroup	– 작업그룹을 취소한다.
	UpdateTaskGroup	– 작업그룹의 정보를 수정한다.
	AddlTask	– 작업그룹 하위 작업번호를 추가한다.
	CancelTask	– 작업그룹 하위 작업번호를 취소한다.
	GetTaskInfo	– 작업그룹번호나 작업번호에 세부 정보를 확인 가능하다. (작업이 남아 있는지, 어떤 작업이 남아 있는지 확인 가능)

```
OPEN API 작업그룹(Task Group)
및 작업번호(Task) 생성 요청 예시

<?xml version="1.0"?>
<methodcall>
    <name>create_taskgroup</name>
    <params>
        <taskgroup_id>13361</taskgroup_id>
        <category>9</category>
        <req_time>2025-09-22T07:07:00Z</req_time>
        <priority>700</priority>
        <tasks>
            <task>
                <task_id>136156</task_id>
                <bin_id>109007</bin_id>
            </task>
            <task>
                <task_id>136157</task_id>
                <bin_id>104091</bin_id>
            </task>
            <task>
                <task_id>136159</task_id>
                <bin_id>107167</bin_id>
            </task>
            <task>
                <task_id>136160</task_id>
                <bin_id>104520</bin_id>
            </task>
        </tasks>
    </params>
</methodcall>
```

```
OPEN API 작업그룹(Task Group)
및 작업번호(Task) 생성 요청 응답 예시

<200,<?xml version="1.0" encoding="utf-8"?>
<response>
    <params />
</response>
```

전달할 값이 없는 경우
오토스토어에 정상 접수됨

[그림 2-20] 오픈API 작업그룹 및 작업번호 생성 인터페이스 예시

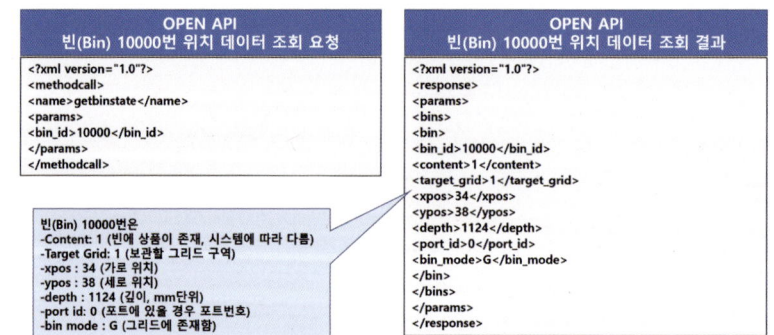

[그림 2-21] OPEN API 빈(Bin) 위치 조회 인터페이스 예시

5. 오토스토어 관리 소프트웨어

오토스토어는 거대한 바둑판과 같은 그리드(Grid)에 수십, 수백 대의 로봇이 쉴새 없이 움직이고, 수만 개의 빈(Bin)이 쌓여 있는 매우 복잡한 시스템이다.

오토스토어는 제대로 구축하고 운영할 수 있도록 다양한 관리 소프트웨어들을 제공하고 있다.

그 중에서 꼭 알아야 할 가장 중요한 소프트웨어인 시뮬레이터, 디자이너, 관리 콘솔, 유니파이에 대해 소개하고자 한다.

가. 그리드 디자이너(Grid Designer)

그리드 디자이너는 오토스토어 시스템의 물리적 설계 도구이다. 간단히 오토스토어를 운영하기 위한 설계 도면을 만드는 프로그램이다.

설계는 생각보다는 쉽게 할 수 있다. 엑셀로 비슷한 화면에 그리드의 배치하고, 주위에 충전기, 포트 그리고 향후 유지보수를 위한 공간배치 등을 GUI(Graphic User Interface)환경에서 작성할 수 있다.

(1) 공간 배치

그리드(Grid)가 배치될 구역을 설정한다. 이때, 창고의 기둥, 스프링클러, 건물 경계 등 로봇이 침범하면 안 되는 구역을 설정하면서 배치를 수행한다.

공간배치를 할 때에는 로봇들이 움직일 수 있는 동선을 고려하는 것이 좋다. 또한 향후 그리드를 확장을 고려하는 것도 잊으면 안된다.

(2) 상세 배치결정

실제 운영에 구조물인 포트(Port), 충전소 위치, 유지보수 등에 필요한 안전구역(Safety Zone)등을 지정한다.

포트(Port)를 배치할 때에는 근처에 있는 다른 구조물들과의 간섭이 발생하지 않도록 고려하는 것이 좋다. 그리드(Grid)배치와 마찬가지로 향후 확장 등을 고려하여 신중하게 배치해야 한다.

충전소의 경우에도 로봇의 설치 대수, 향후 확장 대수 등을 고려하여 적절한 대수 산정을 하는 것이 좋다.

(3) 디자인 배포

완성된 디자인 레이아웃 파일은 시스템 컨트롤러(Controller)에 업로드 하여 실제 운영을 위한 설계 및 기본 규정으로 활용된다.

만약, 그리드(Grid)나 포트(Port) 등을 추가하거나 변경해야 한다면 반드시 디자인 레이아웃 파일을 업데이트하고 재배포해야 한다.

실제 오토스토어를 구축하기 전에 설계한 내용이 맞는지 검증을 위해서도 활용될 수 있다. 작성된 디자인 레이아웃 파일을 시뮬레이션 소프트웨어에 업로드하여 사전에 이상여부 및 성능을 충분히 평가할 수 있다.

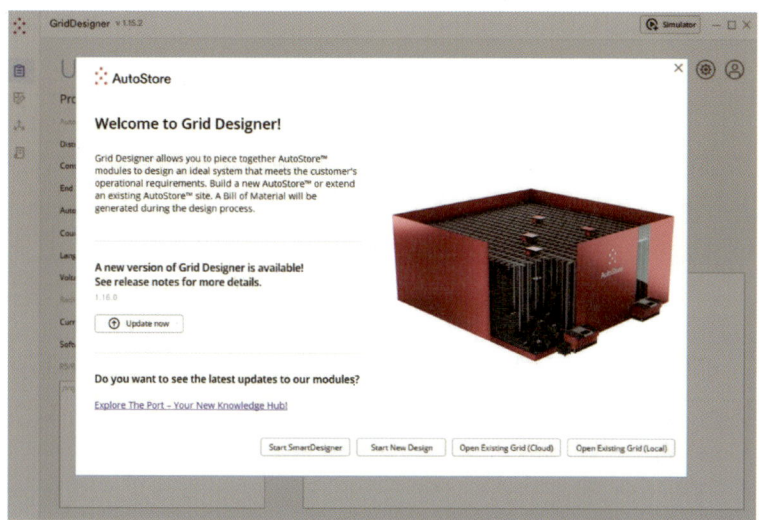

[그림 2-22] 그리드 디자이너 초기화면

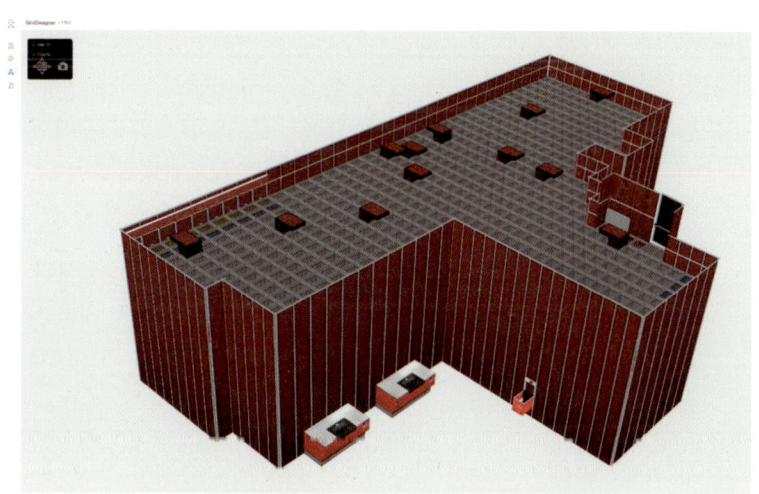

[그림 2-23] 그리드 디자인 라이아웃 파일 3D 예시

나. 시뮬레이터(Simulator)

시뮬레이터는 오토스토어를 실제 구축하기 전에 돌려보는 디지털 트윈(Digital Twin)이다. 돈과 시간을 들여 오토스토어를 구축 했는데 알고 보니 비효율적이라면 대참사가 될 수 밖에 없다. 시뮬레이터는 이 대참사를 막기 위한 예측 도구이다.

시뮬레이터는 단순한 애니메이션이 아니다. 실제 시스템의 로직과 물리 법칙을 그대로 모방해서 디자인된 창고 레이아웃과 운영 시나리오가 현실에서 어떻게 작동할지 사전에 예측해 주는 도구이다.

시뮬레이터를 통해 다음의 3대 핵심 사항에 대해 예측 및 검증할 수 있다.

- **처리량(Throughput) 예측**: "로봇이 100대일 때, 시간당 몇 개의 빈을 포트(Port)로 가져올 수 있을까?" 이 질문에 대한 가장 합리적인 결과를 예측할 수 있다. 우리가 처리해야 할 입출고량을 처리 할 수 있는지 평가가 가능하다.

- **병목 현상(Bottleneck) 분석**: 시스템에서 로봇들이 특정 지점에 몰려서 정체되거나, 특정 포트만 과부하가 걸리는 문제점을 구축 전에 미리 찾아내서 디자인 레이아웃을 수정할 수 있도록 도움을 줄 수 있다.

- **최적 자원 규모 결정**: 로봇을 몇 대, 포트를 몇 개, 큐브를 얼마나 높이 쌓아야 목표를 가장 비용 효율적으로 달성할 수 있는지 답을 제시해 줄 수 있다. 로봇 한 대당 가격이 만만치 않기 때문에 과도한 투자를 예방할 수 있다.

시뮬레이터는 원하는 다양한 시나리오를 가상으로 실행할 수 있다. 특히, 연말이나 명절처럼 주문이 폭주하는 시기를 가정하고 시나리오를 구성하는 것이 좋다. 아주 평범한 상황보다는 피크타임에서 제대로 오토스토어의 성능이 발휘되어야 하기 때문이다.

시뮬레이션의 과정을 살펴보면 다음과 같다.

1) **현재고 적재**: 특정 시점의 현재고를 준비한다. ABC분석을 통해 A등급은 최대한 그리드(Grid)의 상단에 배치하고, B등급, C등급 순으로 차례로 하단에 배치하는 것이 좋다. 상품의 중량과 체적을 측정하여 상품별로 필요한 빈(Bin)이 몇 개인지 정확히 계산하고 배치하는 과정도 매우 중요하다.

2) 과거 또는 예측된 물동량의 상세 데이터를 기반으로 시뮬레이션을 수행한다.

3) 시뮬레이션 결과 평가 및 개선이 필요하다. 최종 결과를 근거로 로봇 이 대수를 조정하거나 설계 오류를 수정한다.

4) 최종 결정된 개선 방안을 다시 시뮬레이션을 시행하는 것이 좋다. 실제 구축 이후에는 변경이나 수정이 너무나 어렵기 때문이다.

Port	Active	Mode	Filter	Handling Time (s)	Deviation (s)	Post Handling Task (s)	Robot Queue	Weight	Robot Direction
1	✓	Goods in	0	30	± 0	7	6	✓	Any
2	✓	Goods in	0	30	± 0	7	6	✓	Any
3	✓	Pick	1	13	± 0	3	12		
4	✓	Pick	1	13	± 0	3	12		
5	✓	Pick	1	13	± 0	3	12		
6	✓	Pick	1	13	± 0	3	12		

Timeline
0:00   4:00   5:00

[그림 2-24] 시뮬레이터 기본데이터 설정화면 예시

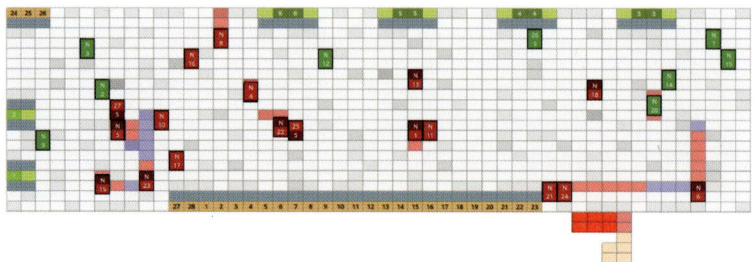

[그림 2-25] 시뮬레이션 수행 예시

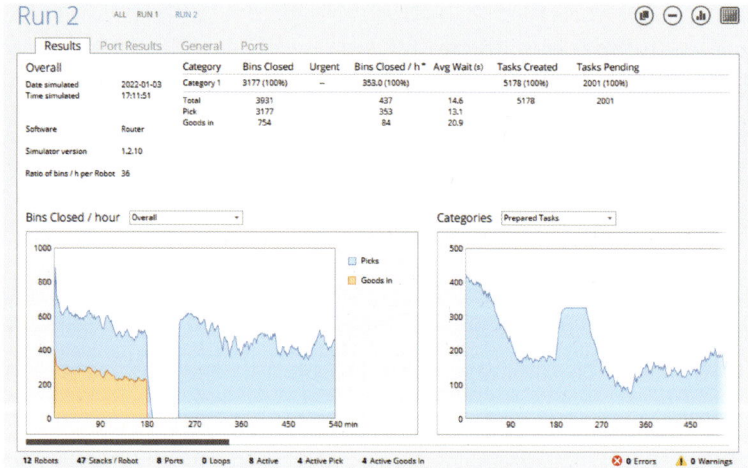

[그림 2-26] 시뮬레이터 분석 결과 예시

다. 콘솔(Console)

콘솔(Console)은 오토스토어 시스템이 운영되기 시작하면서부터 매일 실시간으로 들여다 봐야 하는 가장 중요한 도구다. 콘솔에서는 시스템의 현재 상태, 로봇들의 움직임, 발생한 모든 오류 등을 마치 교통관제센터처럼 한눈에 볼 수 있다.

콘솔의 대시보드는 관리자가 신속하게 상황을 파악하고 조치할 수 있다. 로봇(Robot), 포트(Port), 작업그룹(Task Group)과 작업순번(Task) 진행상황, 오류 메시지 등을 빠르게 확인하고 조치할 수 있다.

또한, 콘솔은 단순한 대시보드를 통한 모니터링을 넘어 관리자가 직접 시스템에 개입하여 문제를 해결할 수 있다.

시스템을 재시작하거나 정지시킬 수도 있고, 빈의 상태를 수동으로 수정할 수도 있다.

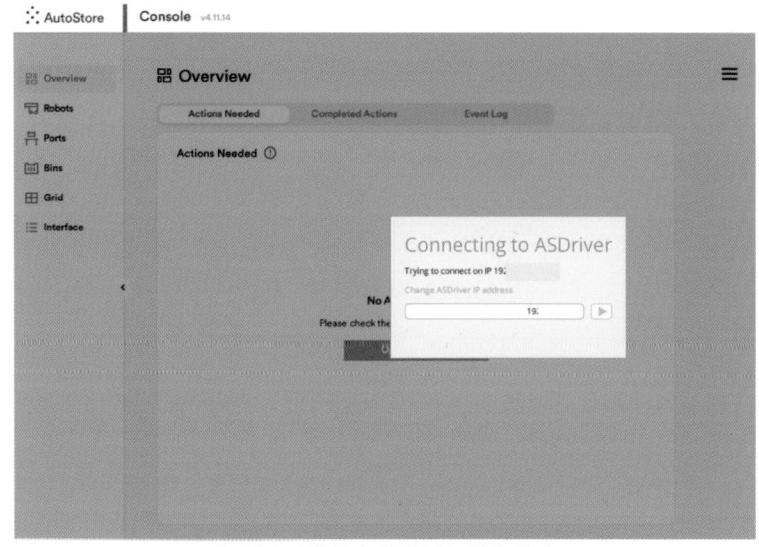

[그림 2-27] 콘솔 화면 접속 화면 예시

로봇이 고장나거나 점검해야 할 경우에도 콘솔을 활용하여 로봇을 서비스지역(Service Area)로 불러내서 점검하고 수리할 수도 있다.

콘솔은 운영 기록이나 오류 히스토리 등을 관리하고 오류에 대한 원인 파악 등을 할 수 있는 데이터를 제공하기도 한다.

[그림 2-28] 콘솔 화면 예시

콘솔 예시 화면은 이미 제2장 기본개념 및 용어를 설명하면서 다수 설명하였다. 시스템의 재시작, 로봇(Robot)을 점검하는 방법, 오류 로그 확인 등은 세부적인 내용은 실제 시스템을 구축하면서 추가 학습이 필요하다.

마지막으로, 콘솔(Console) 소프트웨어는 다음과 같은 두 가지 버전이 존재한다.

- **관리자 버전**: 대시보드, 장비제어 등 모든 기능을 수행한다. (시스템당 1대만 설치)
- **조회전용 버전**: 대시보드 등 조회만 가능하다. (일반사용자, 시스템 현황판 등에 사용)

라. 유니파이 애널리틱스(Unify Analytics)

유니파이 애널리틱스는 강력하고 사용하기 쉬운 오토스토어 분석 보고 시스템이다. 지금까지는 콘솔(Console)을 통한 데이터 분석이나 WES 물류시스템에서 개발된 분석 시스템을 활용해야 했기 때문에 구축 기업의 역량에 따라 분석 수준에 차이가 있었다.

유니파이 애널리틱스는 별도의 분석 시스템 구축 없이, 오토스토어가 인터넷에 연결만 되어 있으면 자동으로 데이터를 전송한다. 이를 기반으로 다양한 분석을 수행하여 고도화된 성능 대시보드와 심층적인 분석 결과를 제공한다.

고려해야 할 점도 있다. 오토스토어 데이터를 외부 오토스토어 본사에 제공해야 한다는 점이다. 기업의 보안 정책 등을 고려하여 도입 여부를 검토하는 것이 좋다.

유니파이 애널리틱스는 실시간 분석 프로그램이 아니라는 점도 고려해야 한다. 오토스토어 본사에 제공한 데이터를 분석하고 그 결과를 보여주는 시스템이기 때문에 일정 시간의 지연이 발생할 수 있다.

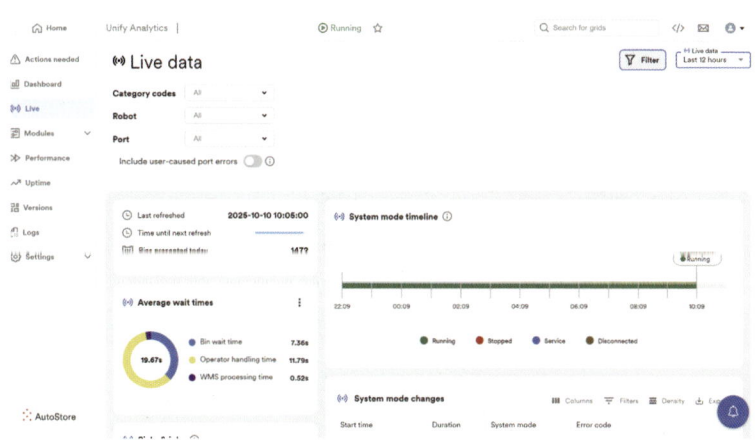

[그림 2-29] 유니파이 애널리틱스 초기화면 예시

[그림 2-30] 유니파이 애널리틱스 분석화면 예시

큐브형 로봇 물류 자동화 시스템

쉽게 이해하는 **오토스토어**

AutoStore

제 3 장

오토스토어
주요 프로세스

제3장에서는 오토스토어를 활용한 주요 물류 프로세스를 다룬다. 입고, 출고, 재고관리 과정이 어떤 방식으로 자동화되는지 단계별 흐름을 설명하며, 로봇 호출, 빈 이동, 포트 작업 등 실제 운영 절차가 어떻게 구성되는지 소개한다. 또한 처리를 최적화하기 위한 작업 설계, 디깅 최소화 전략, 작업그룹·카테고리 활용 방법 등 개발 시 고려해야 할 요소들을 제시하여 오토스토어 기반 물류 프로세스를 효율적으로 구축하는 데 필요한 실무적 이해를 제공한다.

오토스토어

큐브형 로봇 물류 자동화 시스템

물류 밸류에 이중주연

1. 입고

가. 개요

오토스토어 입고 업무를 쉽게 설명하면 빈(Bin)에 상품을 보관하는 과정을 말한다. 입고 프로세스를 처리하기 위해서는 오토스토어와 WES 물류시스템의 유기적인 인터페이스가 필수적이다.

(1) 상품 도착 및 WES 등록

트럭이 물류센터에 도착하고, 작업자가 상품을 하차한다. 이 상품들은 사전에 WES에 등록되어 있거나 현장에서 바로 입력한다. WES 시스템에는 입고번호, 공급처, 상품코드, 수량, 유통기한, 로트번호 등이 입력된다.

(2) 입고지시 및 빈(Bin)할당

WES는 입력 받은 입고예정 데이터를 기반으로 입고 지시작업을 수행한다. 입고지시 작업을 수행하면 오토스토어로 입고 처리해야 할 내역들이 전송된다.

오토스토어는 입고지시 유형에 따라 사전에 지정된 빈(Bin)들을 입고 포트(Port)로 이동시키거나, 오토스토어가 비어 있는 빈(Bin)들을 자동으로 공급할 수도 있다.

여러 개의 입고작업이 동시에 수행될 수 있기 때문에 다른 작업과 혼선이나 충돌이 발생되지 않도록 처리하는 것이 중요하다.

(3) 입고 빈(Bin) 이동

입고 지시된 내역을 기반으로 로봇(Robot)이 빈(Bin)들을 입고 포트(Port)로 물리적으로 이동한다. 하나의 빈(Bin)이 입고 처리가 되면 그리드(Grid)로 옮기고 다음 입고할 빈(Bin)들을 입고 포트(Port)로 계속 공급한다.

(4) 작업자 포트(Port) 작업

로봇이 빈(Bin)을 가져와 입고 포트(Port)에 내려놓으면, "WES 포트 운영 프로그램"을 통해 작업자가 실제로 입고 처리를 수행한다.

1) **화면표시**: "A상품 10개를 빈(Bin)에 넣으시오."
2) **작업자**: 화면의 지시를 따라 상품을 빈(Bin)에 10개 넣고 완료버튼 클릭
3) **화면표시**: "입고 작업이 완료되었습니다."

(5) 그리드(Grid)로 이동

작업자가 상품을 넣고 입고 완료된 빈(Bin)을 다시 그리드(Grid)에 보관하기 위해 이동한다.

다음 입고물량이 있을 경우 (1)~(5)까지 계속 반복 처리한다.

나. 입고 빈(Bin) 지정 방식

입고 작업 시 어떠한 빈(Bin)을 포트(Port)로 보내야 할 것인지를 결정해야 하는데 크게 자동지정 방식과 수동 지정 방식으로 처리할 수 있다.

오토스토어는 빈(Bin) 자동지정 방식을 권장한다. 왜냐하면 오토스토어를 가장 효율적으로 운영할 수 있는 방법이기 때문이다.

빈(Bin) 자동 지정 방식은 입고 상품을 담을 빈(Bin)을 오토스토어 시스템이 알아서 결정하고, 그 빈(Bin)을 포트(Port)로 이동해 준다. 그리드(Grid)의 위치, 빈(Bin)의 상태, 포트(Port)의 위치 등을 종합적으로 평가하여 빈(Bin)을 결정한다.

빈(Bin) 수동 지정 방식은 사용자나 WES시스템이 빈(Bin)을 직접 지정하는 방식이다. 오토스토어의 빈(Bin) 자동 지정 방식으로는 처리가 어려운 예외적인 입고 업무를 수행하는데 적용하는 것이 좋다. WES 시스템에서 관련 알고리즘을 직접 구현해야 하는 불편함도 감수해야 한다.

〈표 3-1〉 빈(Bin) 자동지정 및 수동지정 비교

구분	빈(Bin) 자동 지정	빈(Bin) 수동 지정
운영방식	- WES가 입고 지시를 내리면, 오토스토어가 최적의 빈(Bin) 선정하여 작업 포트로 이동 - 작업자는 시스템이 가져다 준 빈(Bin)에 상품 입고	- 작업자나 WES시스템이 빈(Bin)을 직접 선택 - 지정된 빈(Bin)을 작업 포트로 이동 - 작업자는 해당 빈(Bin)에 상품 입고
예시	- 완전히 비어있는 빈(Bin)을 시스템이 자동으로 작업 포트로 이동 ※ 빈(Bin) Content 정보를 참고하여 호출한다. - 근방에 있는 빈(Bin) 자동투입	- WES 입고 지시를 내리면 - WES는 입고내역에 필요한 빈을 선정함 (별도개발) 예)10038, 11007, 21550 빈(Bin) 선정 - 선정된 빈(Bin) 입고 포트 이동
특징 및 고려사항	- 입고시 빈(Bin)을 빠르게 투입 가능 - 체적, 박스당 적재수량 등 기준정보 부정확 상황에도 대응 가능하다. ※ 지속적으로 비어있는 빈(Bin)이 투입되기 때문에 해당 빈(Bin)이 넘치면 다음 빈(Bin)에 입고하면 됨	- 소량만 보관된 빈(Bin)에도 추가 입고 가능 - 개발 방법에 따라 생산성 차이 큼 》 선정된 빈(Bin)의 이동에 장시간의 소요 가능성 》 실제 입고시 빈(Bin) 넘칠 경우 대응 어려움

다. 빈(Bin) 수동 지정 입고처리

WES 시스템에서 미리 입고 진행할 빈(Bin)을 선정한 다음에 작업그룹(Task Group)과 작업번호(Task)로 묶어 오토스토어에 전송한다.

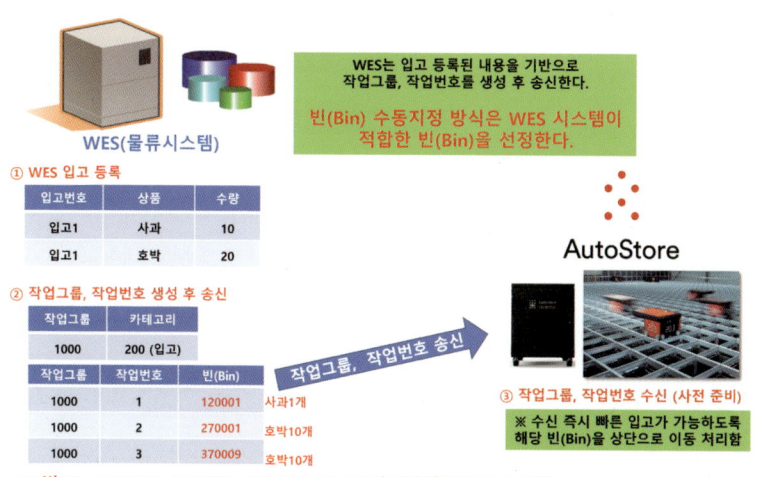

[그림 3-1] 빈(Bin) 수동 지정 입고 지시 프로세스

오토스토어는 입고지시 데이터에 포함된 빈(Bin)들을 그리드(Grid) 상단으로 미리 옮긴다. 작업자가 포트(Port)에서 입고 할 빈(Bin)을 최대한 빠르게 이동하기 위한 사전 조치이다.

작업자는 "포트 운영 프로그램"을 통해 입고작업 확인 및 처리를 수행한다. 포트(Port)에 설치된 터치방식 모니터로 입고함 내역들을 확인하고 결과를 실시간으로 입력할 수 있다. 터치방식 모니터 옆에는 바코드 스캐너, RFID 스캐너, 라벨 프린터, 일반 프린터 등이 함께 설치된다.

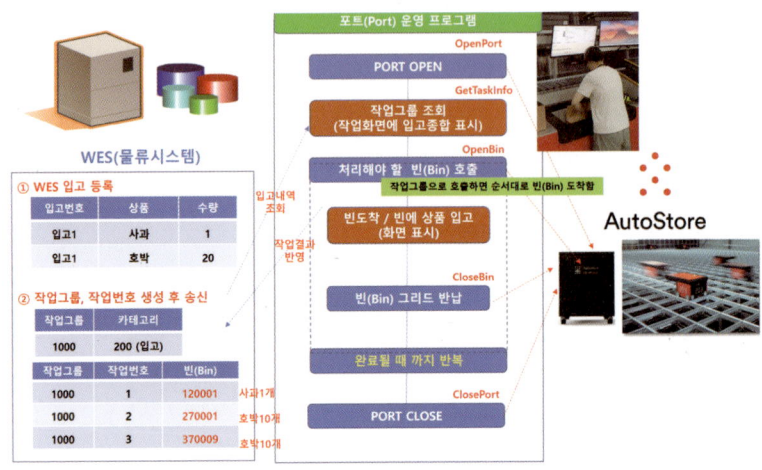

[그림 3-2] 빈(Bin) 수동지정 방식 처리 프로세스

또한, "포트(Port) 운영 프로그램"은 오토스토어 시스템과 Open API로 인터페이스를 통해 실시간으로 연결된다.

입고작업을 시작하기 위해 가장 먼저 해야 할 일은 Open API로 "OpenPort"명령을 전송하는 것이다. 포트(Port)를 사용하겠다는 의미이다.

두 번째로, 입고해야 할 작업그룹을 확인하기 위해 "GetTaskInfo"를 호출한다.

실제 상품 입고 작업을 수행하기 위해 "OpenBin", "CloseBin" 등을 반복적으로 호출하고, 마지막으로 작업 포트(Port) 사용을 종료하기 위해 "PortClose"를 호출한다.

빈(Bin) 수동 지정 방식은 소량만 보관된 빈(Bin)에 입고 물량을 추가로 보관할 수 있도록 처리할 수 있는 유연성 있는 시스템을 구현할 수 있다.

반대로, WES 시스템에서 미리 빈(Bin)을 지정해서 입고 처리하기 때문에, 빈(Bin)이 넘쳐 더 이상 입고 처리를 할 수 없는 경우 등 문제가 발생할 가능성도 높다.

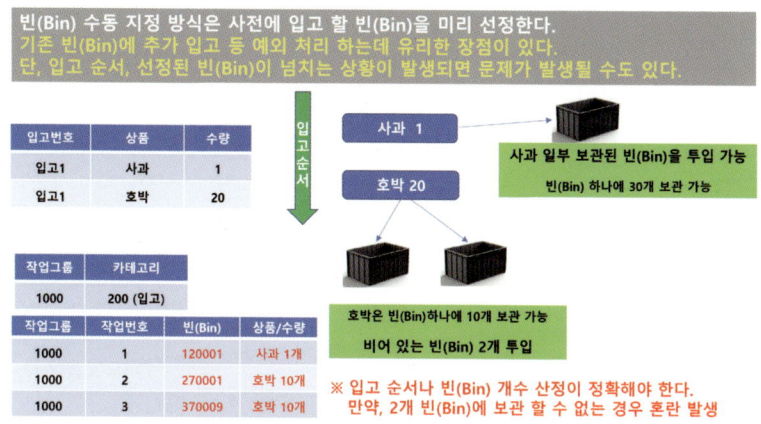

[그림 3-3] 빈 수동지시 처리 예시

라. 빈(Bin) 자동 지정 입고처리

빈(Bin) 자동 지정을 통한 입고는 오토스토어가 가장 빠르게 투입할 수 있는 빈(Bin)을 자동으로 투입하기 때문에 보다 효율적이다.

오토스토어 시스템에서 가장 권장하는 방식이다.

여기에서는 일반적으로 많이 활용되고 있는 방식으로 비어있는 빈(Bin)을 자동투입하는 업무를 기준으로 설명하고자 한다.

완전히 비어 있는 빈(Bin)을 포트(Port)로 이동시킬 경우 작업그룹(Task Group), 작업번호(Task) 등을 생성할 필요가 없다. 당연히 오토스토어 인터페이스 송신도 필요 없다.

그냥 입고가 완전히 끝날 때까지 비어있는 빈(Bin)을 계속 호출하기만 하면 되기 때문에 쉽고 간단하다.

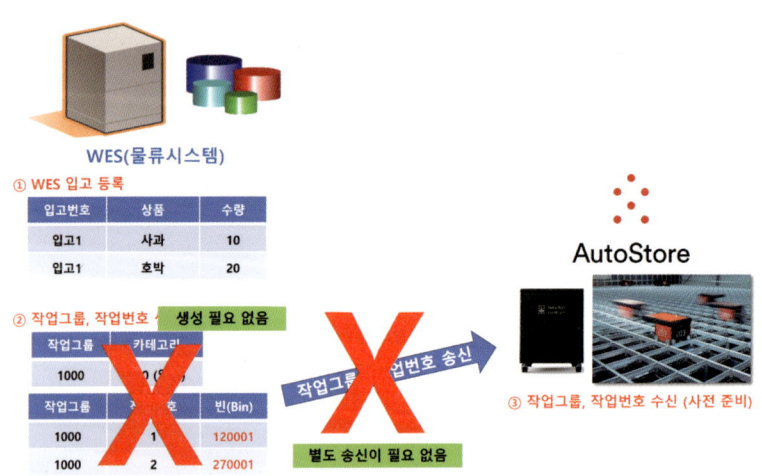

[그림 3-4] 빈(Bin) 자동지정 지시 프로세스

"포트 운영 프로그램"의 경우에도 빈(Bin) 수동 할당 방식과 비슷하지만 "GetTaskInfo" 등 몇 가지 기능들은 사용하지 않아도 처리가 가능하다. WES 시스템도 작업그룹(Task Group)이나 작업번호(Task) 등을 생성할 필요가 없기 때문에 처리가 비교적 쉽고 간편하다.

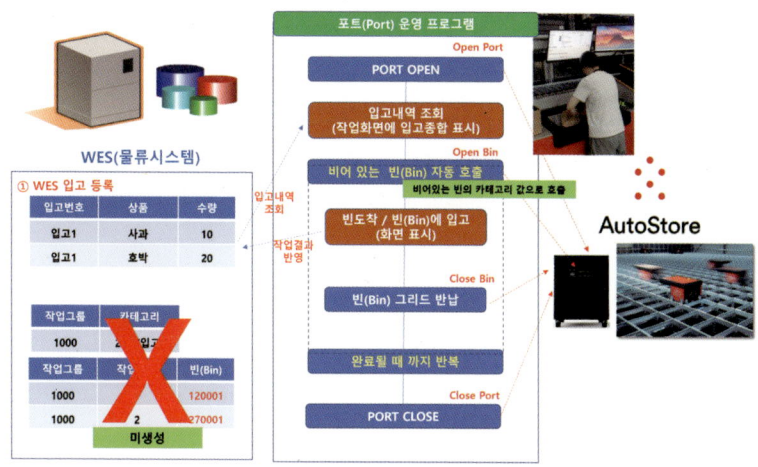

[그림 3-5] 빈(Bin) 자동지정 포트 운영 프로그램 처리 프로세스

빈(Bin) 자동 지정 방식은 상품 입고 순서나 필요한 빈(Bin)의 개수가 달라지는 경우에도 비교적 유연하고 문제없이 업무 처리를 할 수 있다. 지속적으로 오토스토어가 비어있는 빈(Bin)을 알아서 계속 투입해 주기 때문이다.

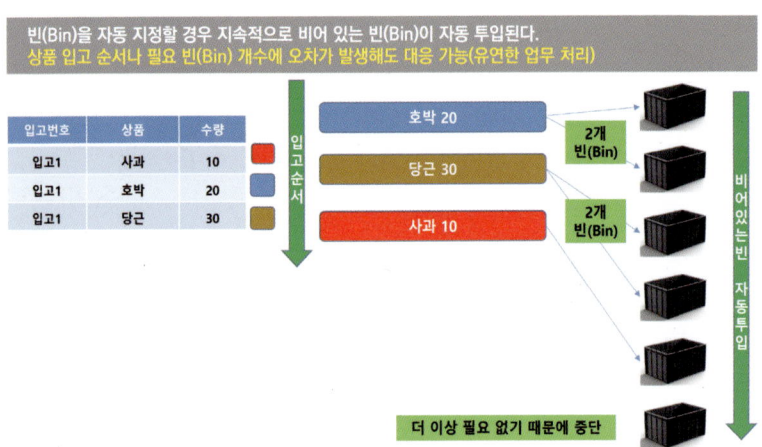

[그림 3-6] 입고 순서 변경 또는 빈(Bin) 개수 오차 발생시 처리

상황에 따라 여러 입고전표의 상품들이 서로 뒤섞여 있는 상황에서 입고처리를 해야 하는 경우도 종종 발생한다. 이러한 경우 매우 난감하다.

대부분의 시스템은 하나의 전표 내에서 상품을 일일이 선택하여 입고처리할 수 있고, 다른 전표의 상품들은 입고처리를 할 수 없다. 일일이 전표번호를 바꾸면서 상품을 확인해야 하기 때문에 입고에 혼선이 발생되고 생산성도 떨어진다.

오토스토어의 빈(Bin) 자동지정 입고 방식을 활용하면 이러한 문제들도 해결할 수 있다. 물론, "포트(Port) 운영 프로그램"을 개선해야 하고 시스템 복잡도가 높아질 수 있지만 대량의 혼재된 입고 물량을 매우 효과적으로 처리할 수 있다.

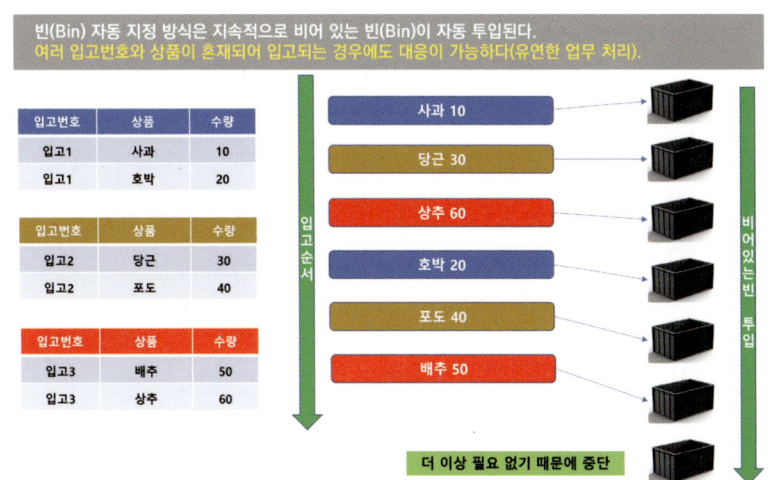

[그림 3-7] 여러 입고전표 상품이 혼재된 경우 처리 방법

마. 입고 분석

오토스토어를 도입한 많은 회사들의 얘기를 들어보면 출고 작업이 더 중요하고 시간이 더 많이 소요될 것 같지만, 실제로는 입고가 더 까다롭고 시간이 많이 소비되고 어렵다고들 한다.

입고 작업은 짧은 시간에 대량의 물량이 밀려들어 오고 상품들이 뒤죽박죽 섞여 있는 경우가 많기 때문이다. 게다가 유사한 상품들이 많아 검수하기에도 매우 까다롭고 어렵다.

이 때문에 입고 작업자가 경험이 없거나 입고 프로세스나 절차가 명확하지 않으면 다른 상품을 빈에 적재하여 출고작업까지 오류를 발생 시키는 경우가 많이 발생된다.

또한, 오토스토어에 보관하려면 원래 박스를 뜯어서 오토스토어 전용 플라스틱 박스에 정해진 수량만큼 담아야 하기 때문에 많은 시간과 인력을 투입해야 한다.

관리자는 적극적인 모니터링으로 문제가 발생될 우려가 있는 사항을 미리 대처하고, 발생된 문제를 빠르게 해결하는 것이 무엇보다 중요하다.

(1) 빈(Bin) 작업시간 분석

오토스토어는 작업해야 할 빈(Bin)이 빨리 포트(Port)로 얼마나 빨리 도착하는지, 그리고 작업자가 얼마나 빠르게 빈(Bin)에 상품을 적재할 수 있는지 측정하고 관리하는 것이 매우 중요하다. 이 빈(Bin) 평균 작업시간을 기반으로 입고 생산성이 대부분 결정되기 때문이다.

BIN 평균 작업 시간			입고실적			
요청~도착시간	작업시간	합계	입고 BIN수	보관 BIN 수	출고BIN 수	EMPTY BIN 수
3.2초	18초	21.2초	580	12,010	920	2,090
			처리 전표수	처리 제품수	입고수량	
			87	542	21,422	
			미입고 전표수	미입고 제품수	미입고 수량	
			12	98	7,302	

[그림 3-8] 입고 빈(Bin) 평균 작업 시간 및 실적 분석 예시

(2) 포트(Port), 작업자별 생산성 분석

입고 작업 시 작업자 또는 포트(Port) 별로 입고 생산성을 측정하는 작업도 매우 의미가 있다. 특히, 작업자는 숙련도 등에 따라 생산성이나 오류 발생비율 등의 격차가 크기 때문에 이를 분석하고 개선하려는 노력이 필수적이다.

포트	전표수	BIN수	BIN 평균도착	BIN 평균작업	시간합계
PORT 4	11	305	3.2초	12.1초	15.3초
PORT 5	34	419	3.8초	14.0초	17.8초
PORT 6	47	347	4.2초	13.1초	17.3초
PORT 7	34	229	4.5초	12.5초	17.0초
합계	126	1,300	3.5초	13.2초	16.7초

[그림 3-9] 입고 포트별 입고 생산성 분석 예시

2. 출고

가. 개요

오토스토어 출고 업무를 쉽게 설명하면 빈(Bin)에 들어 있는 상품을 고객에게 판매하기 위해 필요한 수량을 꺼내는 과정이다. 입고 프로세스와 유사하게 고객으로부터 주문 접수를 받은 순간부터 출고 프로세스가 시작된다.

(1) WES 출고 오더 등록

고객이 필요한 상품, 수량 등을 주문 받아 WES 시스템에 입력하는 과정이다. WES 시스템에 바로 입력하는 경우도 있지만 별도의 OMS(Order Management System)이나 ERP(Enterprise Resource Planning) 등에서 전달받는 경우도 많다.

출고 오더는 오더번호(전표번호), 고객코드(출고처코드), 상품코드, 수량, 출고일자 등이 포함된다.

전표 헤더영역						
고객사	전표번호	주문일자	출고일자	출고처	창고코드	전표비고사항
삼성	DA-0001	2025-11-15	2025-11-16	30001(하나마트)	90001(서울창고)	오전에 필히 배송요망

전표상세							
고객사	전표번호	제품코드	제품명	수량	단가	금액	제품비고사항
삼성	DA-0001	2001	사과	10	1,000	10,000	
삼성	DA-0001	2002	포도	10	2,000	20,000	취급주의

전표 헤더영역						
고객사	전표번호	주문일자	출고일자	출고처	창고코드	전표비고사항
LG	AK-90001	2025-11-15	2025-11-16	K001(하나 마트)	90001(서울창고)	14시까지 배송요망

고객사	전표번호	제품코드	제품명	수량	단가	금액	제품비고사항
LG	AK-90001	7007	양파	5	2,000	10,000	
LG	AK-90001	7100	당근	3	1,000	3,000	
LG	AK-90001	7902	호박	10	5,000	50,000	

[그림 3-10] 출고 오더 예시

(2) 출고지시 (빈(Bin) 할당)

WES의 출고 오더에 대해 출고하기 위한 준비 작업이다. 어느 빈(Bin)의 재고로 출고할 것인지 결정하고 다른 출고 오더와 겹치지 않도록 미리 예약을 진행하는 작업이다.

오토스토어는 빈(Bin)이 어느 위치에 있는지 정확하게 관리하고 있지만, 빈(Bin)에 정확히 어떤 상품과 수량이 보관되어 있는지는 관리하지 않는다. 실제 상세한 재고정보는 WES 물류시스템이 관리한다.

따라서, 출고지시 작업은 실제 상세한 재고정부를 관리히고 있는 WES 물류시스템이 진행한다. WES는 오토스토어에 보관된 빈(Bin)들의 세부 재고정보를 활용하여 해당 출고작업에 필요한 빈(Bin)이 무엇인지, 몇 개를 출고해야 하는지를 결정한다. 이러한 과정을 "출고지시" 또는 "할당" 작업이라 부른다.

출고지시(할당) 작업은 다른 출고 오더에서 이중으로 동일한 빈(Bin)에서 출고되는 것을 방지하기 위해 예약수량을 증가 시킨다. 이는 재고를 총량으로 관리하지 않고 빈(Bin) 단위로 쪼개어서 관리하는 특성 때문이다.

이렇게 출고지시(할당)된 내역은 작업그룹(Task Group), 작업번호(Task)로 묶어서 오토스토어로 전송한다. 오토스토어는 전송된 내역을 기반으로 빠르게 출고될 수 있도록 그리드(Grid) 상단으로 옮기는 디깅(Digging) 작업이 미리 수행된다.

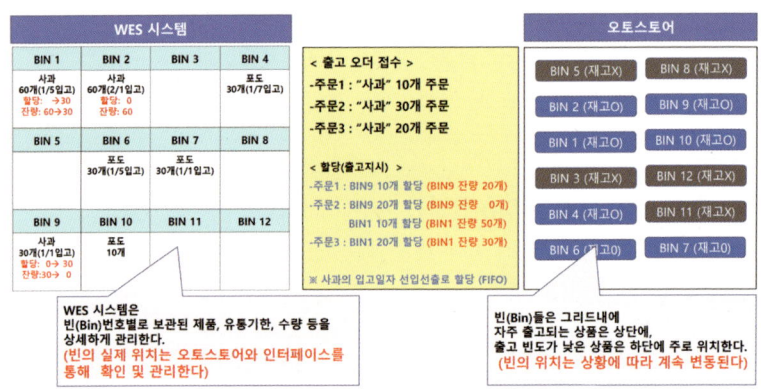

[그림 3-11] 출고지시(할당) 수행 예시

(3) 작업자 포트(Port) 작업

WES 물류시스템이 지시한 작업그룹(Task Group), 작업번호(Task)를 기반으로 로봇이 작업해야 할 빈(Bin)을 작업자의 포트(Port)로 옮긴다.

로봇이 빈(Bin)을 가져와 포트(Port)에 내려놓으면 "WES 포트 운영 프로그램"을 통해 작업자는 출고작업을 수행한다.

① 화면지시: "상품 A 10개를 빈(Bin)에서 빼세요."
② 작 업 자: 화면의 지시를 따라 수량을 빈(Bin)에서 빼낸다.
③ 결과전송: WES 및 오토스토어에 출고 작업을 완료처리한다.

(4) 사용한 빈(Bin)을 그리드(Grid)로 복귀

출고작업이 완료된 빈(Bin)은 다시 그리드(Grid)로 이동된다. 로봇이 실제 빈(Bin)이 그리드(Grid)로 이동 후에는 다른 작업자가 사용할 수 있다.

출고작업은 다음 작업순번(Task)를 (1) ~ (4)의 작업 순으로 반복처리 한다.

나. 오토스토어 출고 방식

여러 개의 작업그룹(Task Group)을 출고해야 한다면 오토스토어는 출고를 가장 빠르게 처리가 가능한 작업그룹(Task Group)부터 처리한다.

작업그룹(Task Group)내에 여러 개의 작업순번(Task)가 있다면 동일하게 출고를 가장 빠르게 처리 가능한 작업(Task)부터 처리한다.

긴급한 경우, 예외적인 상황에서 강제로 특정 작업그룹(Task Group)이나 작업번호(Task)를 우선적으로 출고해야 하는 경우도 있다.

이러한 상황을 고려하여 오토스토어는 "자동 지정 방식"외에 "수동 지정 방식"으로 처리할 수 있다.

(1) 자동 지정 방식

자동 지정 방식은 어떤 작업그룹(Task Group)이나 작업번호(Task)를 먼저 처리할 것인지를 오토스토어 스스로 결정하고 처리하는 방식이다. 오토스토어 입장에서 가장 효율적으로 처리할 수 있는 작업들부터 처리하는 방식이다.

오토스토어는 우리가 생각하는 것보다 훨씬 더 똑똑하다.

- **로봇 동선 최적화**: 로봇이 덜 움직여도 되는 작업부터 우선적으로 처리한다. 다른 로봇들의 이동경로 등을 분석해 최적의 작업 방법이 무엇인지를 파악 하면서 진행한다.
- **긴급 작업 처리**: 마감 시간이 코앞에 닥친 주문이 있으면 우선적으로 처리한다. 이러한 기능들을 활용하면 납기를 지키면서 효율적으로 출고작업을 진행 시킬 수 있다.

- **빈(Bin)의 위치**: 깊숙한 곳에 박혀있는 빈(Bin)보다는 위에 있는 빈(Bin)에 있는 물건을 먼저 꺼내게 해서 로봇의 불필요한 움직임을 최소화한다.

- **다중 작업**: 로봇이 하나의 작업에만 집중하는 것이 아니라 여러 작업들의 진행사항을 고려하여 최적의 동선으로 처리한다. 예를 들면 12345빈(Bin)을 꺼내서 포트로 이동한다. 이후 포트(Port)에 가장 가까이 있는 빈(Bin)을 우선적으로 처리한다.

이 방식의 가장 큰 장점은 오토스토어가 알아서 모든 변수를 고려해서 가장 빠른 길을 찾아주니까, 우리는 그냥 믿고 따라가면 된다. 마치 베테랑 운전기사가 알아서 척척 운전해주는 것과도 같다.

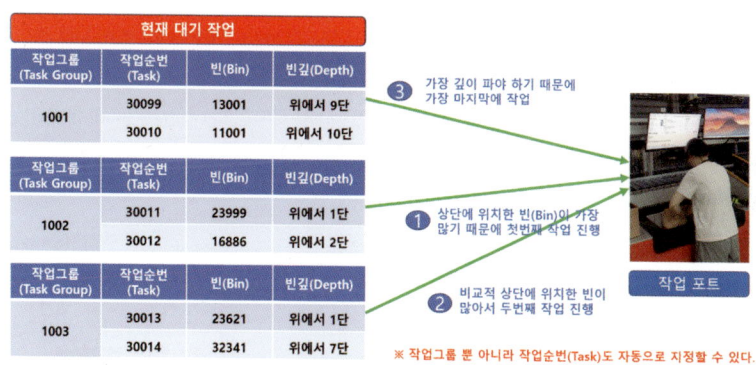

[그림 3-12] 자동 지정 방식 출고 예시

(2) 수동 지정방식

수동지정 방식은 자동 지정 방식과 반대 되는 개념이다. 오토스토어가 똑똑하긴 하지만 가끔은 우리가 직접 나서야 일이 더 잘 될 때도 있다.

자동 지정 방식으로 수행하여 오후 늦게 출고가 될 예정이었지만, 갑자기 일정이 바뀌어 지금 당장 출고해야 할 경우가 발생될 수 있다. 이러한 경우에는 수동 지정 방식으로 진행하면 빠르게 출고 처리가 가능하다.

대신, 수동 지정 방식은 시스템의 최적화된 흐름이 깨지면서 전체적인 효율이 떨어질 가능성이 높아진다. 로봇이 저 멀리 있는 빈(Bin)을 억지로 가져오느라 다른 작업들이 늦어지는 경우가 발생되는 것이다. 마치 전문가가 짠 악보를 무시하고 즉흥 연주를 하는 것과 같을 수 있다. 잘하면 멋있는데, 못하면 엉망진창이 되는 상황이 발생할 수도 있다.

따라서 이 방식은 꼭 필요한 상황에만 사용해야 하며, 이 방식을 제대로 적용하려면 오토스토어 시스템에 대한 깊은 이해가 필수적이다.

현재 대기 작업

작업그룹 (Task Group)	작업순번 (Task)	빈(Bin)	빈깊(Depth)
1001	30099	13001	위에서 9단
	30010	11001	위에서 10단

작업그룹 (Task Group)	작업순번 (Task)	빈(Bin)	빈깊(Depth)
1002	30011	23999	위에서 1단
	30012	16886	위에서 2단

작업그룹 (Task Group)	작업순번 (Task)	빈(Bin)	빈깊(Depth)
1003	30013	23621	위에서 1단
	30014	32341	위에서 7단

1.작업자가 임의로 선택하여 작업 수행
예) 1001, 1003, 1002 순으로 작업

2.접수된 시간순으로 작업
예) 1001, 1002, 1003 순으로 작업

※ WES 시스템에 의해 다양한 조건 및 유형으로 작업을 강제로 선택하여 진행할 수 있음.

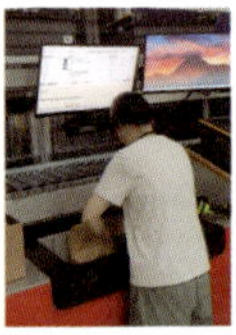

작업 포트

WES 또는 작업자가 강제로 작업순서를 결정/수행

[그림 3-13] 수동지정 출고방식 예시

다. 작업 준비율(Prepared Rate)

원하는 빈(Bin)을 꺼낼 때 얼마나 빨리 꺼낼 수 있는지를 예측할 수 있는 방법이 있다. 그것이 바로 작업 준비율(Prepared Rate)이다.

쉽게 말해서, 배달 주문이 들어왔는데 피자 박스가 바로 눈앞에 있으면 준비율이 높은 것이고, 냉동실 맨 밑에 쳐 박혀 있어 꺼내기 힘들고 시간이 많이 걸린다면 준비율이 낮은 것이다.

작업 준비율(Prepared Rate)은 퍼센트(%)로 표현한다.

오토스토어는 큐브(Cube) 모양의 그리드(Grid)에 빈(Bin)들이 빼곡하게 쌓여 있는 구조이다. 로봇(Robot)은 이 그리드(Grid) 위를 돌아다니면서 원하는 빈(Bin)을 꺼낸다. 이 때 원하는 빈(Bin)이 맨 위층에 있으면 로봇은 바로 잡아서 꺼낼 수 있다. 그런데 물건이 맨 아래층에 있으면 로봇은 위에 쌓은 다른 빈(Bin)들을 하나하나 들어서 옆으로 옮긴 다음, 원하는 빈(Bin)을 꺼내야 한다. 이러한 과정을 디깅(Digging)이라고 하는데 많은 시간과 에너지를 잡아먹는 주범이다.

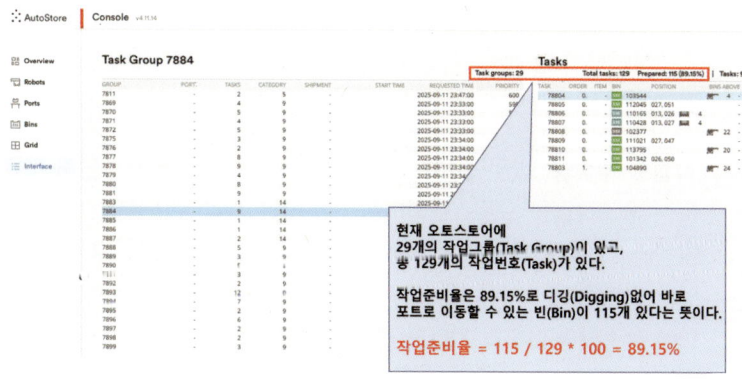

[그림 3-14] 작업 준비율 표시 예시

$$\text{작업 준비율(Prepared Rate)} = \frac{\text{디깅 없이 바로 꺼낼 수 있는 빈의 수}}{\text{전체 피킹 요청 건수}} \times 100$$

작업 준비율이 90%라는 것은, 100건의 피킹 요청 중에 90건은 로봇이 디깅(Digging) 없이 바로 처리할 수 있다는 뜻이다. 이 비율은 출고 생산성에 지대한 영향을 미친다.

그러면, 작업 준비율을 높이는 방법을 살펴보자.

- **ABC 분석 및 최적화**: 가장 잘 팔리는 상품들을 그리드(Grid) 맨 위쪽에 배치해서 로봇이 언제든 바로 꺼낼 수 있게 해주는 것이다. 거의 안 팔리는 상품들은 맨 아래층에 두는 것이 유리하다. 어차피 자주 안 꺼낼 것이기 때문이다. 나중에 다루게 될 "빈(Bin) 최적화" 기능을 통해 로봇(Robot)이 야간이나 쉬는 시간에 자주 나가는 상품을 위로 올려주는 작업을 수행시키면 작업준비율을 향상시킬 수 있다.

- **작업 준비시간 부여**: 오토스토어는 작업그룹(Task Group)과 작업번호(Task)를 수신 받음과 동시에 최대한 빠르게 출고할 수 있도록 출고해야 할 빈(Bin)들을 그리드 위로 미리 옮기는 작업이 시작된다. 이러한 작업들이 진행되면 될수록 작업 준비율(Prepared Rate) 수치는 점차 증가한다. 시간적 여유가 된다면 작업 준비율이 60% 이상 될 때 출고작업을 하면 빠른 출고가 가능하다. 결국, 사전에 미리 출고 오더를 수신받을 수 있도록 작업계획을 수립하는 것이 좋다.

- **적절한 작업량**: 아무리 많은 사전 준비시간을 주더라도 한번에 너무 많은 출고작업을 오토스토어에게 전송하면 작업 준비율이 향상되지 않는다. 오토스토어는 그리드(Grid) 상단에 빈(Bin)을 바로 꺼낼 수 있는 한계까지만 사전 준비한다. 즉, 너무 많은 출고작업을 오토스토어에 전송하면 아무리 기다려도 작업 준비율이 100%에 도달할 수 없다.

작업 준비율을 높인다는 것은 결국, 로봇이 불필요한 행동을 하지 않고 가장 효율적인 동선으로 움직이게 만드는 것이다. 이것이 바로 오토스토어의 효율을 극대화하는 가장 확실한 방법이다.

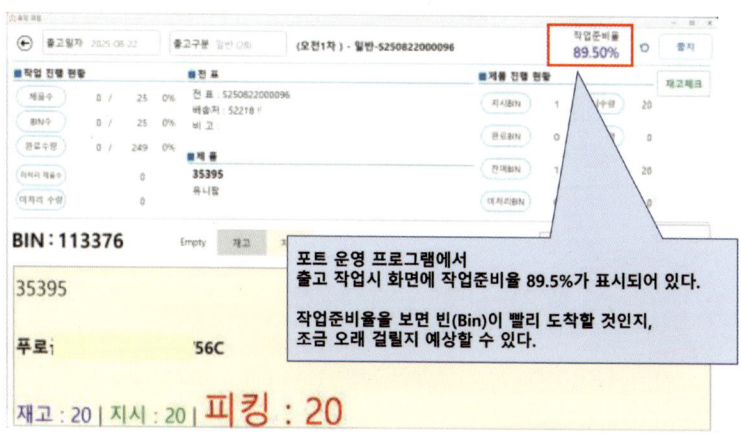

출처: 의약품 유통회사 적용 화면 예시

[그림 3-15] 포트 운영 프로그램에서 작업준비율 표시 예시

라. 출고 처리

WES 시스템에 출고 오더 등록 후 출고지시(할당)을 수행하면 WES 시스템은 해당 상품들이 보관된 빈(Bin)들 중에서 가장 적합한 빈(Bin)을 지정(할당)하고 작업그룹(Task Group)과 작업번호(Task)를 생성하여 오토스토어에 전송한다.

WES에서 생성된 작업그룹과 작업번호는 오토스토어와 WES 간 출고 처리의 기준코드로 활용된다.

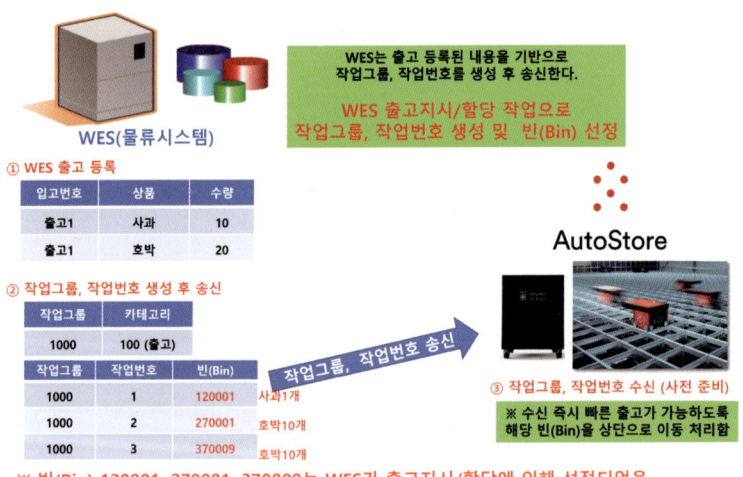

[그림 3-16] 출고작업 오토스토어 인터페이스 개념도

오토스토어는 작업 데이터를 수신받으면 해당 빈(Bin)들을 그리드(Grid) 상단으로 미리 옮기는 작업을 시작한다. 이 작업은 작업자가 필요한 빈(Bin)을 되도록 빨리 전달하기 위한 사전 작업이며 작업 준비율(Prepared Rate)이 점차 증가한다.

작업자는 "포트 운영 프로그램"을 통해 출고작업을 수행한다. 포트(Port) 상단에 설치된 터치방식의 모니터를 이용하여 출고할 내역을 조회하고 결과를 입력할 수 있다.

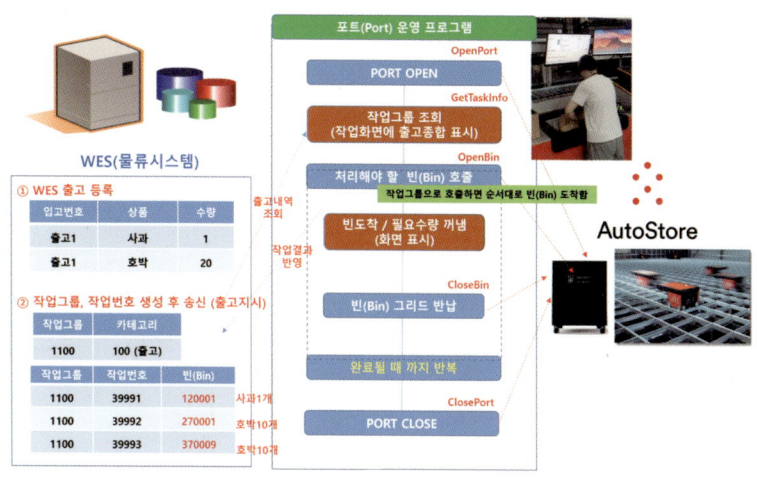

[그림 3-17] 출고작업 포트 운영 프로그램 처리 프로세스

오토스토어 시스템은 Open API를 통해 연결된다. 먼저, "OpenPort" 명령으로 해당 포트의 사용을 선언한다.

출고해야 할 작업그룹을 조회하기 위해서 "GetTaskInfo"를 호출한다.

실제 상품 출고를 수행하기 위해 "OpenBin", "CloseBin" 등을 반복적으로 호출하고 최종적으로 해당 포트 사용을 닫기 위해 "PortClose"를 호출하면 출고 작업이 마무리 된다.

마. 출고분석

고객은 언제나 주문을 완료함과 동시에 언제 도착하는지 궁금해한다. 또 주문한 상품이 가급적 빠르게 도착하기를 원한다.

기업의 입장에서도 출고작업은 타사 대비 경쟁력을 높일 수 있는 핵심적인 수단이며, 고객 만족도를 높이기 위한 핵심 프로세스다.

(1) 평균 출고작업 분석

출고작업에서 포트(Port)로 빈(Bin)을 얼마나 빠르게 전달할 수 있는지가 생산성에 가장 큰 영향을 미친다. 평균 출고작업 분석으로 빈(Bin)이 얼마나 빠르게 이동하고, 작업자가 얼마나 빠르게 작업했는지, 작업 물동량과 진행상태 등을 파악할 수 있다.

BIN 평균 작업 시간			출고현황			
요청~도착시간	작업시간	합계	출고전표수	출고BIN수	출고제품수	작업준비율
3.2초	7.2초	10.4초	50	573	450	67.2
			대기전표수	대기 BIN수	대기 제품수	
			87	542	21,422	

[그림 3-18] 평균 작업시간 및 출고현황 분석 예시

(2) 수신시간 또는 출고차수별 작업현황

오토스토어로 수신된 출고 오더를 시간대 별로 출고 실적을 집계할 수 있는 화면이다. 시간대별로 작업이 수신되고 완료된 내역을 확인 가능하다. 혹시 누락된 출고 건이 있는지도 확인 가능하다.

수신시간 대신에 출고차수(출고배치, 출고웨이브)로 그룹화하여 작업현황을 조회하는 것도 좋은 방법이다.

수신시간대	수신전표수	수신라인수	미처리전표	시작시간	완료시간	완료여부
06:30	21	297	-	07:01	07:40	완료
07:00	6	92	-	07:41	08:10	완료
07:30	4	63	-	08:12	08:20	완료
08:00	13	55	-	08:25	08:40	완료
08:30	22	89	7	08:50	-	진행중

[그림 3-19] 수신 시간대별 작업현황 조회 예시

(3) 작업준비율 및 작업현황 추이

다음 예시는 작업 준비율(Prepared Rate), 처리해야 할 작업과 완료된 작업 현황을 시간의 흐름 순으로 확인할 수 있는 화면이다.

시간	작업준비율	처리 예정 내역			처리된 내역	
		작업그룹	작업수 (BIN)	준비된작업수 (BIN)	작업그룹	작업수 (BIN)
10:00	47.5	16	301	145	3	10
10:01	48.9	16	301	147	2	7
10:02	50.2	20	420	211	1	4
10:03	47.1	25	456	221	1	4
10:04	45.0	30	550	273	2	7

[그림 3-20] 작업 준비율 및 작업현황 추이 예시

(4) 작업 준비율에 따른 출고 분석

앞에서 작업준비율(Prepared Rate)는 출고작업에서 매우 중요한 지표라고 얘기한 바가 있다. 작업 준비율에 따라 작업 처리 시간이 어떻게 변화하는지 분석할 수 있는 자료이다.

작업준비율	BIN도착시간 (평균)	작업시간 (평균)	합계시간 (평균)	대기전표수 (평균)	대상BIN수	비중%
~ 20%	5.7	11.2	16.9	50	1	0.2
~ 40%	5.1	11.3	16.4	37	4	0.7
~ 60%	4.7	11.1	15.8	30	19	3.4
~ 80%	4.3	11.2	15.5	22	89	15.5
~ 100%	4.1	11.5	15.6	30	459	80.1

[그림 3-21] 작업준비율에 따른 출고 분석 예시

(5) 출고 디깅(Digging) 분석

오토스토어는 파레토(Pareto) 법칙과 자연 슬로팅(Natural Slotting) 기반으로 운영되는 물류 자동화 시스템이다. 자연스럽게 자주 나가는 상품들은 그리드 상단에 배치되고, 잘 팔리지 않는 상품들은 그리드 하단으로 자연스럽게 배치된다.

오토스토어에 재고들이 잘 배치되어 있다면 디깅(Digging)을 최소화 할 수 있다. 현재 운영하고 있는 시스템이 어느 정도의 디깅(Digging) 깊이로 운영되는지 확인할 수 있는 화면이다. 오토스토어 시스템이 잘 운영 및 유지되고 있는지 평가하는데 매우 중요한 지표라 할 수 있다.

출고 디깅(Digging) 분석은 각 기업마다 상품의 종류, 재고의 보유수준, 매출의 형태나 유형이 모두 다르기 때문에 일률적으로 평가할 수는 없다.

지속적으로 이전과 자료와 비교하면서 시스템의 성능에 문제가 있는지 평가하고, 지속적으로 개선하는 활동이 필요하다.

평균 Digging 횟수 : 2.7

단수	보관BIN수	보관%	출고BIN수	출고%
1	417	3.8	146	25.5
2	716	6.6	113	19.7
3	724	6.7	81	14.1
4	750	6.9	67	12.9
5	799	7.3	61	10.6
6	841	7.7	47	8.2
7	854	7.9	29	5.1
....	....	....	....	....
합계	10,837	100	573	100

※ 단수 : 그리드 상단이 1단 가장 밑에 있는 단수가 16단이다. (330mm 규격기준)

[그림 3-22] 출고 디깅(Digging) 분석 예시

(6) 포트(Port) 및 작업자별 분석

포트(Port)의 종류(컨베이어, 캐러셀 등)나 작업자의 숙련도에 따라 생산성이 다르다. 따라서 포트 및 작업자별로 작업 실적을 집계·분석하고, 이를 통해 개선하는 노력이 중요하다.

포트	전표수	BIN수	BIN 평균도착	BIN 평균작업	시간합계
PORT 1	11	305	3.2초	12.1초	15.3초
PORT 2	34	419	3.8초	14.0초	17.8초
PORT 3	47	347	4.2초	13.1초	17.3초
PORT 4	34	229	4.5초	12.5초	17.0초
합계	126	1,300	3.5초	13.2초	16.7초

[그림 3-23] 포트별 작업 현황 예시

포트	전표수	BIN수	BIN 평균도착	BIN 평균작업	시간합계
김인수	11	305	3.2초	12.1초	15.3초
박세진	34	419	3.8초	14.0초	17.8초
김경미	47	347	4.2초	13.1초	17.3초
홍성식	34	229	4.5초	12.5초	17.0초
합계	126	1,300	3.5초	13.2초	16.7초

[그림 3-24] 작업자별 작업 현황 예시

3. 재고관리

가. 재고조사

최근 포트에 AI 피킹 로봇을 투입하여 빈(Bin)에 상품을 꺼내거나 넣는 작업도 자동화하는 경우가 증가하고 있는 추세이지만, 아직까지는 비용, 기술적 난이도 때문에 여전히 대부분의 작업들은 인력에 의존하는 것이 현실이다.

작업자들이 입출고 작업들을 수행하다 보면 의도치 않게 실수나 오류가 발생되고, 이로 인해 재고 차이가 생길 수 있다. 재고 차이는 입출고 작업 시 혼선을 일으키고 또 다른 오류를 발생시킬 가능성이 높기 때문에 사전에 예방 조치를 취해야 한다.

재고 차이에 따른 문제들을 최소화하기 위해서 "재고조사"를 지속적으로 수행하는 것이 좋다. 모든 재고를 한꺼번에 확인하면 좋지만, 너무나 많은 노력과 비용이 소요된다.

따라서, 모든 재고를 한꺼번에 조사하는 "전수재고조사" 보다는 부분적으로 재고조사를 지속적으로 수행하는 "수시재고조사" 방식이 훨씬 현실적이고 효율적이다.

예를 들어, 오늘 입고한 빈(Bin)들만 재고 이상여부를 확인하거나, 오늘 출고 했던 빈(Bin)들만 다시 한 번 재고를 확인하는 방법이 훨씬 효과적으로 보인다. 경우에 따라 랜덤(Random)으로 선정한 빈(Bin)들만 재고조사하는 방법도 고려해 볼 수 있다.

〈표 3-2〉 주요 재고조사 방법

구분	내용	비고사항
전수재고조사	- 오토스토어 전체 빈(Bin)을 한꺼번에 조사	입출고 중단없이 수행가능 단, 그리드내 빈(Bin) 위치가 달라질 수 있음 (최적화 필요)
수시재고조사	- 최근 입고 또는 출고된 빈(Bin)만 재고조사 - 가격이 비싼 상품의 빈(Bin) 우선으로 재고조사 - 빈(Bin) 또는 상품별로 주기적으로 재고조사 - 랜덤하게 선정된 빈(Bin) 재고조사 - 관리자가 빈(Bin) 또는 상품을 선정하여 재고조사 - 출고를 하면서 남은 잔량이 정확한지 확인 등	

재고조사 작업은 WES 물류시스템에서 재고 지시 생성을 하는 것부터 시작된다.

어떠한 방식으로 재고조사를 할 것인지를 선택하고, 몇 건을 조사할 것인지 등의 세부 옵션들만 입력하면 자동으로 재고조사 지시 데이터를 생성할 수 있다. 오토스토어에 재고조사 작업을 수행하기 위해 작업그룹(Task Group)과 작업번호(Task) 형태로 오토스토어에 송신된다.

재고조사 작업은 입고 또는 출고작업과 마찬가지로 포트(Port)에서 로봇(Robot)이 가져다 주는 빈(Bin)에 들어있는 상품과 수량이 시스템 내용과 일치하는지 여부를 반복적으로 수행한다.

관리자는 작업자들이 재고조사를 실행 결과를 취합하여 수량 차이 여부를 확인하고, 문제가 있다면 원인과 대책을 수립하는 과정으로 마무리된다.

이때, 재고 차이가 발생된 빈(Bin)들은 다시 한 번 재고조사를 수행할 수도 있다. 최종 재고 차이가 발생된 경우에는 재고조정 처리를 통해 시스템과 실물의 수량을 일치시킨다.

〈표 3-3〉 재고조사 프로세스 예시

순서	프로세스	내용	수행주체
1	재고조사 지시 생성	- 재고조사 방법에 의한 빈(Bin) 선정 ※ 재고조사 작업그룹(Task Group) 및 작업번호(Task) 생성	WES 물류시스템
2	재고조사 수행	- 작업자가 실제 재고 수량 확인 / 입력 ※ 포트에서 재고실사 메뉴 실행 ※ 로봇이 작업자에게 실사할 빈(Bin) 이동 처리 (작업자는 전산상 상품, 수량 이상여부 확인/결과 등록)	포트 운영프로그램
3	재고조사 결과 분석	- 실재고수량과 WES 수량 차이 원인 분석 및 대책 수립 ※ 재고차이분 재고실사 재확인 필요 ※ 최종 재고차이분 재고조정 처리	WES 물류시스템

나. 빈(Bin)호출

"작업자가 100336번의 빈(Bin)을 포트(Port)에서 실물을 확인하고 싶다면?"

"재고조사" 방법으로 100336번의 빈(Bin)을 불러 재고를 확인할 수 있다. WES 물류시스템으로 "재고조사" 지시를 생성하고, "포트(Port) 운영 프로그램"에서 "재고조사"를 실행하면 된다. 다소 많은 절차와 두 가지 시스템을 사용해야 한다. 약간 불편하고 복잡해 보인다.

이러한 불편을 해소할 수 있는 방법이 바로 "빈(Bin)호출" 기능이다. 간단한 검색이나 조회로 원하는 빈(Bin)들을 빠르게 포트(Port)에서 실물을 확인할 수 있다.

빈(Bin)호출 기능은 작업자 편의성을 고려하여 "포트(Port) 운영 프로그램"에 탑재하는 것이 일반적이다.

특정한 상품코드, 이름, 빈(Bin)번호를 검색하여 호출할 수도 있고, 입출고 시 오더번호나 작업번호(Task Group)로도 호출 가능하다. 뿐만 아니라 입출고 작업 시 작업자가 확인하기 위해 사전 체크해 놓은 빈(Bin)들의 내역들도 확인하고 호출할 수 있다.

〈표 3-4〉 빈(Bin) 호출 주요 기능

구분	내용	비고사항
직접호출	- 빈(Bin) 번호 또는 상품코드, 이름 등으로 검색하여 호출	작업그룹 (Task Group) 생성 또는 Ad-hoc 호출 가능
작업번호 (입출고 전표)	- 입고 또는 출고작업 번호를 검색하여 호출 ※ 이전 입출고 했던 빈(Bin)을 순서대로 불러서 확인 가능하다.	
재고 체크	- 입출고 작업시 작업자가 별도 체크한 빈(Bin)을 검색하여 호출	

(1) 직접호출

작업자가 특정한 빈(Bin) 번호 또는 특정 상품의 코드나 이름으로 검색하여 해당하는 빈(Bin)들을 조회하고 그 중에서 필요한 빈(Bin)을 선택하여 호출하는 방식이다. 가장 기본적 유형이다.

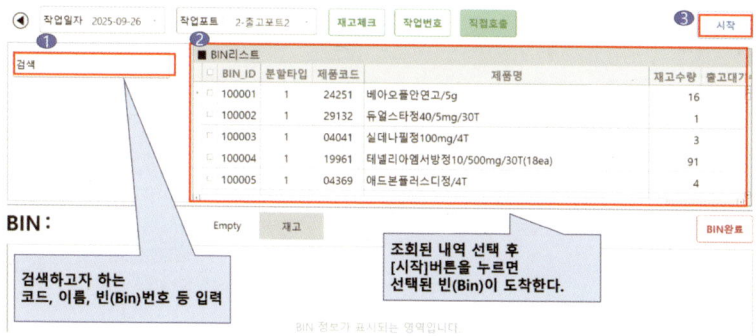

출처: 의약품 유통회사 적용 화면 예시

[그림 3-25] 빈(Bin) 직접호출 화면 예시

(2) 작업번호 호출

입출고 작업을 수행한 오더번호 또는 작업그룹(Task Group), 작업번호(Task)로 검색하여 원하는 빈(Bin)들을 호출하는 기능이다.

입출고 작업 시 포트(Port)로 이동된 빈(Bin) 순서내로 확인하고 문제가 있으면 체크할 수 있다.

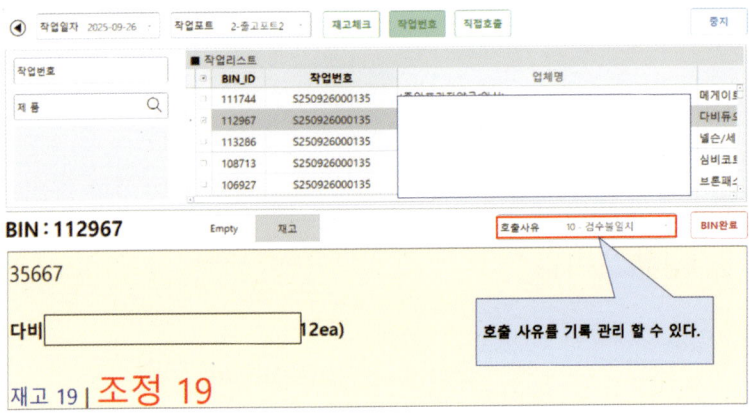

출처: 의약품 유통회사 적용 화면 예시

[그림 3-26] 작업번호(출고전표) 호출 예시

(3) 재고 체크 호출

작업자가 입출고 작업을 수행하면서 향후 확인이 필요한 빈(Bin)들을 [재고체크] 버튼을 누르면 별도로 내역을 저장해 놓을 수 있다.

나중에, 이렇게 저장된 내역들은 조회하고, 확인이 필요한 빈(Bin)들을 직접 포트(Port)로 불러서 실물을 확인할 수 있다.

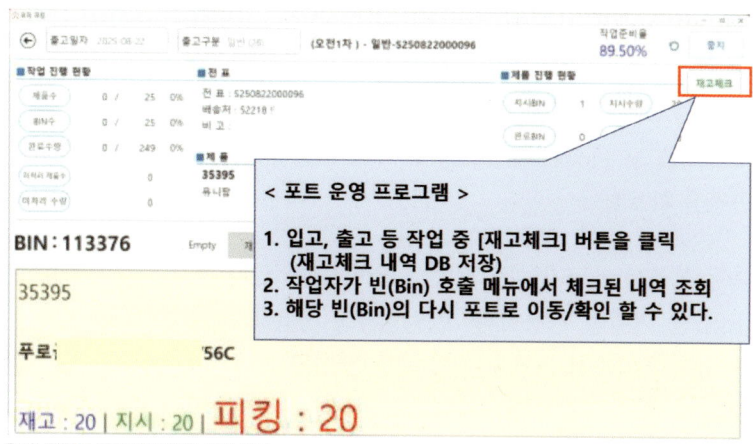

출처: 의약품 유통회사 적용 화면 예시
[그림 3-27] 출고 포트 운영프로그램 재고체크 예시

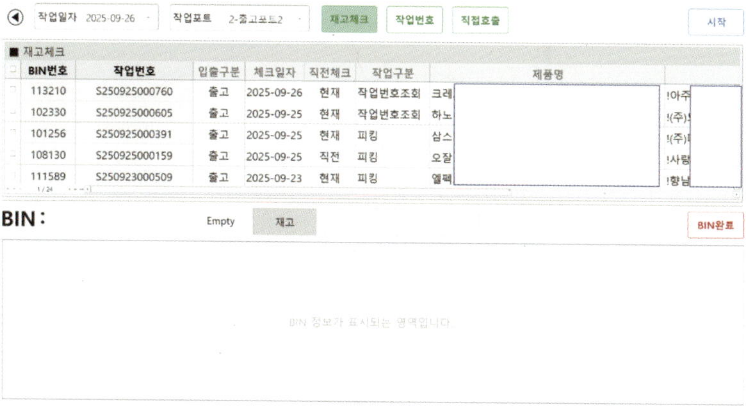

출처: 의약품 유통회사 적용 화면 예시
[그림 3-28] 재고체크 빈(Bin) 호출 화면 예시

재고관리 **135**

다. 빈(Bin) 조각모음

처음 들으면 PC에서 "하드드라이브 조각모음"이 떠오른다. "빈(Bin) 조각모음"도 비슷한 개념으로 흩어진 재고를 한곳에 모으고, 남은 빈 공간을 확보한다.

특정 상품의 재고가 하나의 빈(Bin)에 모여 있다면 로봇이 하나의 빈(Bin)만 꺼내면 가능하다. 만약, 특정 상품의 재고가 여러 개의 빈(Bin)에 흩어져서 보관되어 있다면 빈(Bin)을 여러 번 꺼내야 하고 빈(Bin)의 보관 효율도 떨어진다.

예를 들어, A상품 100개의 재고를 하나의 빈(Bin)에 보관한다면 출고 시 한번만 빈(Bin)을 이동하면 된다. 만약, 20개씩 5개의 빈(Bin)에 흩어져 있다면 출고 시 다섯 번 꺼내야 한다. 빈(Bin)도 5배나 많이 사용하면서 로봇도 훨씬 더 많은 일을 해야 하기 때문에 생산성이 떨어질 가능성이 높다.

빈(Bin) 조각 모음은 크게 다음 두 가지 방식이 대표적이다.

〈표 3-5〉 빈(Bin) 조각모음 주요 방법

구분	내용
동일상품 조각모음	- 같은 상품이 여러 빈(Bin)에 소량씩 분산된 경우, 하나의 빈(Bin)으로 합하는 작업 ※ 유통기한, 로트번호 등이 섞일 가능성이 있다. 　엄격히 구분 필요시 빈(Bin)을 분할하여 섞이지 않도록 관리할 수 있다.
혼합상품 조각모음	- 재고가 적은 여러 상품들의 빈(Bin)을 하나의 빈(Bin)에 합하는 작업 ※ 빈(Bin)을 2개 이상 분할하여 상품이 섞이지 않도록 관리한다.

하나의 방식을 고집하기 보다는 물류 현장의 상황에 따라서 적절한 방법을 선택하여 진행하는 것이 좋다.

빈(Bin) 조각 모음 작업도 로봇의 이동이나 입출고 작업에 영향을 줄 수 있기 때문에 로봇들이 쉬는 여유 시간에 진행하는 것이 좋다. 피크 타임에 조각 모음을 시도하면 로봇들이 재배치 하느라 정작 입출고 작업에 지장을 줄 수 있다.

부가적으로, 빈(Bin) 조각모음 지수를 관리하고 모니터링 방법도 추천한다. 이 지수는 빈에 남은 공간의 비율, 여러 빈(Bin)에 분산된 상품의 수 등을 계산해서 조각모음이 필요한지 여부를 판단한 수 있는 지표로 활용이 가능하다.

빈(Bin) 조각모음 지수 계산 예시

① 동일상품 분산 건수 (FIC, Fragmented Item Count) 계산
 : 하나의 상품이 여러 빈(Bin)에 존재하는 상품의 수를 계산
 (물류 특성에 따라 조정 가능, 예제는 2개 빈(Bin)이상 선정)
 FIC = 3 (B, C, D 상품이 해당)

② 빈 공간 낭비 건수 (WSC, Wasted Space Count) 계산
 : 빈(Bin)에 소량만 담겨 있는 빈(Bin)의 개수를 계산
 (물류 특성에 따라 조정 가능, 예제는 49% 이하 적용)
 WSC = 3 (1003, 1005, 1007번 빈(Bin))

③ 빈(Bin) 조각모음 지수 = FIC + WCS
 : 백분율이 아니라 점수로 판단, 점수가 높을 수록 상태가 심각
 (예제는 5점 이상일 경우 빈(Bin) 조각모음 시행 필요 판단)
 빈(Bin) 조각모음 지수 = 3 + 3 = 6
 (6점이기 때문에 빈(Bin) 조각모음 시행 필요)

빈(Bin)번호	보관상품	보관수량	빈점유율
1001	A	10	100%
1002	B	5	50%
1003	B	3	30%
1004	C	10	100%
1005	D	2	20%
1006	C	5	50%
1007	D	1	10%

※ 빈(Bin)에 최대 10개가 보관되는 것을 가정함

빈(Bin) 조각모음 지수는 물류 운영 환경에 따라 변경 가능하며, 예시로 참고 하기 위해 작성되었습니다.

[그림 3-29] 빈(Bin) 조각모음 지수 예시

빈(Bin) 조각모음 첫 번째 단계는 WES 물류시스템에서 조각모음을 해야 할 빈(Bin)들의 내역을 확정하여 지시 데이터를 생성한다.

생성된 조각모음 데이터는 오토스토어에 작업그룹(Task Group)과 작업번호(Task) 형태로 전달한다. 오토스토어는 수신되자 마자 조각모

음을 하기 위해 사전 준비를 수행할 것이다.

로봇들이 해당 빈(Bin)들을 순서대로 작업자의 포트(Port)로 옮기고 작업자는 지시한 대로 빈(Bin)에 들어있는 상품을 꺼내서 최종 빈(Bin)에 상품을 옮겨 넣는 작업을 반복 수행한다.

〈표 3-6〉 빈(Bin) 조각모음 수행 프로세스

순서	프로세스	내용	시스템
1	빈(Bin)조각모음 지시 생성	- 빈(Bin) 조각모음 대상 확정 ※ 작업그룹(Task Group) 및 작업번호 (Task)생성 가능	WES 물류시스템
2	빈(Bin) 상품 꺼냄	- 지시된 상품의 수량을 꺼냄 ※ 2개 빈(Bin)이상의 상품을 꺼낼 수도 있음	포트 운영프로그램
3	빈(Bin) 상품 넣음	- 2)에서 꺼낸 상품을 보관 빈(Bin)에 옮겨 넣음	포트 운영프로그램

※ 지시 생성된 순서대로 상품을 꺼내 옮겨 넣어주는 작업을 반복 수행한다.

라. 그리드(Grid) 최적화

(1) 개요 및 효과

앞에서 다룬 "빈(Bin) 조각모음"은 빈(Bin)을 최대한 효율적으로 이용하기 위한 방법이었다면, "그리드(Grid) 최적화"는 빈(Bin)들이 빠르게 입출고 되도록 위치를 최적화하는 과정이다.

입출고 작업을 반복하면서 자연스럽게 자주 입출고 되는 상품들은 그리드(Grid)의 상단에서 보관될 확률이 높다. 하지만, 대량의 입고가 진행되거나 대규모 재고조사 작업이 진행되었다면 그 균형이 깨질 수 있다. 균형이 깨지면 디깅(Digging) 작업이 상대적으로 많아져 속도가 떨어질 가능성이 높다.

이러한 문제들을 해결하기 위해 입출고가 본격적으로 진행되기 전에 자주 출고될 가능성이 있는 상품들이 보관된 빈(Bin)들은 그리드(Grid)의 상단으로, 거의 출고되지 않는 상품들은 그리드(Grid)의 밑으로 배치가 되도록 강제적으로 수행 하는 과정이 바로 "그리드(Grid) 최적화" 이다.

그리드 최적화를 수행하면 로봇의 효율을 높일 수 있다. 로봇이 불필요한 디깅 작업에 낭비하는 시간을 줄여 포트(Port)에 보다 빠르게 빈(Bin)들을 가져다 줄 수 있어 오토스토어의 전체적인 성능 향상을 가능하게 한다.

〈표 3-7〉 최적화 이전, 이후 비교

구분	최적화 이전	최적화 이후
디깅(Digging)	- 자주 사용하는 빈(Bin)이 깊숙히 보관되어 있어 디깅(Digging)작업이 빈번함	- 자주 사용하는 빈(Bin)이 그리드(Grid) 상단에 대부분 있어 디깅(Digging) 작업이 거의 없음
작업 속도	- 평균 작업속도가 느려짐	- 평균 작업속도가 향상됨
시스템 효율	- 로봇 자원 및 시간 낭비	- 시스템 처리량 증가
재고 접근성	- 접근성 떨어져 작업 대기가 길어짐	- 접근성이 높아 빠른 작업 기대

최적화 이전

단수	BIN수	A제품BIN수	B제품BIN수	C제품BIN수	D제품BIN수	X제품BIN수	BIN수합계	BIN비중
01	696	2	1	152	256	285	10715	6.5
02	779	2	3	73	406	295	10715	7.3
03	873	10	6	42	414	401	10715	8.1
04	879	20	22	15	317	505	10715	8.2
05	868	44	35	26	250	513	10715	8.1
06	874	67	61		150	566	10715	8.2
07	868	91						8.1
08	881	130						8.2

자주 출고되는 A, B등급의 상품(제품)이 그리드 상단(01,02,03,04단)에 거의 존재하지 않는다.

최적화 이후

단수	BIN수	A제품BIN수	B제품BIN수	C제품BIN수	D제품BIN수	X제품BIN수	BIN수합계	BIN비중
01	627	380	76	21	4	146	10715	5.9
02	783	81	207	175	92	228	10715	7.3
03	898	26	148	235	195	294	10715	8.4
04	898	9	51	190	343	305	10715	8.4
05	895	4	19	120	354	398	10715	8.4
06	888	3	12		365	457	10715	8.3
07	887	14						8.3
08	877	27						8.2

최적화 이후 A, B 등급의 상품(제품)이 그리드 상단으로 대부분 이동

[그림 3-30] 오토스토어 최적화 이전, 이후 빈(Bin) 배치 비교

(2) 그리드 최적화 지수(GEI)

그리드(Grid) 최적화 지수를 도입하고 이를 관리하면 그리드(Grid) 최적화를 유지하는데 더 효과적이다. 이 지수는 자주 출고되는 상품과 거의 출고되지 않는 상품의 빈도를 계산해서 그리드(Grid)내에 빈(Bin)들의 재고 배치 효율이 어느 정도 인지를 보여 주는 지표로 활용할 수 있다.

이 지수가 일정 수준 이하로 떨어지면 오토스토어의 성능에 문제를 일으킬 가능성이 있다고 판단하고 최적화를 수행한다. 불필요한 최적화 작업은 오히려 로봇에게 과도한 부담으로 고장 발생 확률을 높인다.

GEI를 계산하기 위해 먼저 상품의 출고빈도에 따라 상품을 A,B,C등급으로 분류해야 한다. 그리드(Grid)도 출고가 빠른 상단영역, 출고에 상대적으로 디깅(Digging)을 많이 수행해야 하는 하단영역, 나머지 중간영역으로 구분한다.

이후, 상품별로 실제 빈(Bin)이 그리드의 어느 영역에 속하는지의 분포를 파악하고 이를 수치화하는 과정으로 비교적 간편하게 계산할 수 있다.

이 책에서 소개하고 있는 GEI지수는 이해를 돕기 위한 수식으로 실제 물류 환경을 감안하여 적절하게 조정·개선하여 사용하면 된다.

그리드 최적화 지수(GEI) 계산 예시
(GEI, Grid Efficiency Index)

① 상단 분포 점수 계산

: A등급 상품이 그리드 상단에 보관되어 있는 개수 비율

수식 : A등급 상단 빈(Bin)수 / A등급 전체 빈(Bin)수 * 100

점수 : 40 / 100 * 100 = **40점**

② 하단 분포 점수 계산

: C등급 상품이 그리드 상단에 보관되어 있는 개수 비율

수식 : C등급 하단 빈(Bin)수 / C등급 전체 빈(Bin)수 * 100

점수 : 60 / 100 * 100 = **60점**

빈(Bin구성)	A등급 상품의 빈(Bin)수	C등급 상품의 빈(Bin)수
상단 (01~05단)	40개	30개
중간 (06~10단)	30개	10개
하단 (11단~16단)	30개	60개

③ GEI(GEI, Grid Efficiency Index) 계산

GEI = 상단 분포 점수 + 하단분포점수

= 40 + 60 = 100점

※ 지수가 특정점수(예:100점) 이하일 경우 최적화 수행
(물류 환경에 따라 점수를 가감 필요)

[그림 3-31] 그리드 최적화 지수 계산 예시

(3) 그리드 최적화 프로세스

그리드 최적화는 앞에서 설명한 GEI(그리드 최적화 지수)를 계산하는 것에서부터 시작된다. 이후 최적화 지시 생성, 최적화 수행, 최종 결과 확인 및 모니터링의 단계로 진행된다.

주의할 점은, 최적화가 비교적 장시간 소요되고, 입출고 작업이 수행되는 동안에는 다른 업무를 수행하기 어렵다는 점이다. 따라서, 작업자들이 작업하지 않는 야간 또는 휴일 등 충분한 여유시간을 확보해야 한다.

- **최적화 지시 생성**: 상품의 ABC 등급에 따라 작업 그룹을 각각 생성한다. C등급의 상품이 보관된 빈(Bin)부터 그리드(Grid) 상단으로 옮긴 후, B등급의 상품을 그리드(Grid) 상단으로 옮긴다. 마지막으로 A등급의 상품을 그리드(Grid) 상단으로 옮기면 자연스럽게 최적화가 수행된다.

- **최적화 실행**: 실제 물리적으로 빈(Bin)들이 최적화 되는 단계이다. 최적화 지시 단계에서 만들어진 작업그룹(Task Group)을 하나씩 오토스토어가 수신(인터페이스) 받으면 해당 빈(Bin)들이 그리드(Grid) 상단으로 이동된다. 로봇들이 수많은 빈(Bin)들을 옮겨야 하기 때문에

시간이 상당히 오래 걸려 수시간 또는 수십 시간 이상 소요될 수 있다.
- **결과 확인 및 모니터링**: 실제 최적화 된 결과를 확인하는 단계이다. 최적화 이후 오토스토어의 성능이 얼마나 좋아 졌는지 확인이 필요하다. GEI(그리드 최적화)지수를 재계산하여 기존 대비 얼마나 개선 되었는지 비교하면 쉽게 결과 확인이 가능하다.

〈표 3-8〉 그리드 최적화 프로세스

순서	프로세스	내용	시스템
1	상품 ABC 분류	- 상품의 출고 빈도를 분석하여 A,B,C 등급으로 부여함 예) 출고빈도 상위40% A등급, 40~60% B등급, 60~80% C등급 - 최적화 필요 여부 검토 (그리드 분산 또는 최적화 지수 활용)	WES 물류시스템
2	최적화 지시 생성	- 상품의 ABC 등급에 따라 작업그룹 및 작업순번을 생성함 (오토스토어에 인터페이스 송신은 하지 않는다) 예) 작업그룹1 : C등급 대상 빈(Bin) 500개 　　작업그룹2 : B등급 대상 빈(Bin) 300개 　　작업그룹3 : A등급 대상 빈(Bin) 100개	
3	최적화 실행 ※ 단계별로 이전단계 작업그룹을 반드시 취소 필요 (기존작업 유지 시 최적화되지 않을 가능성 있음)	- 0단계 : 실행전 빈(Bin) 배치상태 저장 - 1단계 : 작업그룹1 오토스토어 송신 ⇒ 대상 빈(Bin) 들이 상단 이동 - 2단계 : 작업그룹1 취소 　　　　작업그룹2 오토스토어 송신 ⇒ 대상 빈(Bin) 들이 상단 이동 - 3단계 : 작업그룹2 취소 　　　　작업그룹2 오토스토어 송신 ⇒ 대상 빈(Bin) 들이 상단 이동 - 4단계 : 작업그룹3 취소 　　　　실행후 빈(Bin) 배치상태 저장	오토스토어 (로봇)
4	결과 확인 / 모니터링	- 실행 전/후 빈(Bin) 배치상태 확인, 이상여부 점검 - 최적화 이후 오토스토어 성능 모니터링	WES 물류시스템

※ 주의: 입출고 작업이 없는 야간, 휴일에 작업 진행 필요 (장시간 소요)

재고관리 **143**

마. 인공지능(AI) 최적화

인공지능(AI)은 선택이 아니라 필수이다. 재고 최적화를 위해 관리자가 수동으로 작업할 필요 없이 인공지능(AI) 기법을 활용하여 최적화를 수행하는 노력이 시도되고 있다. 앞으로 더 적극적으로 연구되어야 하는 분야이기도 하다.

(1) AI 온라인 그리드 최적화

기존 그리드(Grid) 최적화는 이미 지난 과거의 데이터로 최적화를 수행하는 방법이다. 게다가 입출고 작업을 중지한 상태에서 장시간 작업을 수행해야 하는 불편함도 있다.

AI 온라인 그리드 최적화는 이러한 문제들을 해결하기 위한 최적의 대안이다. 작업 중 언제든지 수행할 수 있다. 과거 데이터 뿐만 아니라 실시간 또는 예측 데이터를 기반으로 더욱 효율적으로 최적화가 가능하며, 관리자가 관여하지 않아도 자동으로 관리되도록 할 수 있기 때문이다.

- **고빈도 상품 그리드 최적화**: 자주 출고되는 상품이 그리드(Grid) 상단에 없다면 과도한 디깅(Digging)으로 효율성이 저하될 수 있다. 휴식시간 등 잠시의 여유시간이라도 있다면 인공지능이 적절한 양의 최적화 작업을 알아서 수행되도록 할 수 있다.

- **계절성 상품 출고 최적화**: 봄 또는 가을 환절기 시즌에는 알러지 환자들이 많다. AI가 과거 패턴 분만 아니라 계절 추이 등을 반영하여 관련된 상품들을 미리 그리드(Grid) 상단으로 미리 옮겨 놓을 수 있다.

- **날씨, 이벤트 기반 출고 최적화**: AI는 단순히 과거의 패턴을 나열하는 것을 넘어 잠재적 연관성을 찾아내고, 실시간으로 최적화할 수 있다. 예를 들어, 일기예보 데이터를 기반으로 우산, 제습용품, 장화 등의 판

매 증가를 미리 예측하고 해당 상품들이 보관된 빈(Bin)을 그리드 상단으로 미리 이동시킨다.

〈표 3-9〉 AI 온라인 최적화 비교

구분	기존 그리드 최적화	AI 온라인 최적화
활용 데이터	과거 출고 패턴	과거, 현재, 미래 예측 데이터
수행시점	작업 중단 필요 (야간, 휴일 활용, 장시간 소요)	입출고 진행중 실행 가능 (짧은 수행시간)
예 시	- 상품 ABC분류에 의해 그리드 재배치 1단계: C등급 상단 이동 2단계: B등급 상단 이동 3단계: A등급 상단 이동 (최종 상단 위치)	- 예측, 통계, AI 활용 상단이동 빈(Bin) 선정 - 특정 빈(Bin)만 선택적 상단 이동 처리 ※ 실시간 분석으로 출고 예상 빈(Bin) 사전이동
수행주체	관리자	시스템 자동 수행
특 징	작업자 입출고 작업 병행 어려움 로봇 과도한 부하 발생	작업자 입출고 수행중에는 자동중지 유휴시간에 자동시작

(2) AI 빈(Bin) 조각모음

빈(Bin) 조각모음 역시 AI를 보다 효율적으로 수행하는 분야 중 하나이다.

관리자의 경험에 의해서 조각모음을 수행할 수도 있지만, AI를 적용하면 우리가 예상하지 못했던 숨겨진 부분까지 분석하여 연관성을 찾아내어 너욱 효과적으로 수행할 수 있다.

〈표 3-10〉 AI 빈(Bin) 조각모음 비교

구분	기존 빈(Bin) 조각모음	AI 기반 빈(Bin) 조각모음
분석방법	관리자 경험과 직관	빅데이터 및 머신러닝 분석
연관성 발견	제한적, 눈에 띄는 상품 위주	숨겨진 상품 간 연관성 발견 적용
정확도	비교적 낮음	매우 높음

AI는 과거 출고 데이터 분석뿐만 아니라 시계열 분석, 날씨, 뉴스, 이벤트, SNS 등 수많은 데이터들을 새로운 시각에서 분석할 수 있다. 이러한 데이터를 기반으로 혼합 상품 빈(Bin) 조각모음을 수행한다면 한 차원 더 높은 효율성을 기대할 수 있다.

예를 들어, A브랜드의 립스틱을 구매한 고객은 B브랜드의 립밤을 함께 구매하는 경향이 높다는 것을 AI는 발견할 수 있다. 두 상품은 브랜드는 다르지만 색상이나 질감 측면에서 함께 사용하면 좋은 조합일 수도 있기 때문이다.

오토스토어에서 두 상품을 하나의 빈(Bin)에 보관한다면 한 번의 빈(Bin) 이동으로 2개의 상품을 한번에 출고할 수도 있다.

이러한 과정을 현실화하려면 다음과 같은 단계가 필요하다.

- **1단계 데이터 수집**: 출고실적, 상품정보, 날씨, 이벤트 등 다양한 데이터 수집
- **2단계 AI모델 구축**: 수집된 데이터를 기반으로 상품간 연관성을 분석하고 학습 모델 구현
- **3단계 재고분석**: WES 및 오토스토어 빈(Bin) 재고 분석
- **4단계 조각모음 대상 선정**: 혼합 상품 빈(Bin) 조각모음 대상 선정 및 사유 분석

- **5단계 시행 및 결과 분석**: 실제 실행 후 성공여부 및 개선, 문제점 분석

AI 기반 최적화는 단순히 출고 생산성을 올리는 것을 넘어, 오토스토어와 결합하여 고객 만족도와 운영 효율이라는 두 마리 토끼를 모두 잡을 수 있다. 이처럼 AI는 오토스토어 시스템을 '수동적인 보관 시스템'에서 '능동적이고 지능형 물류 솔루션'으로 변화시키는 핵심 기술이다.

바. 재고분석

오토스토어 재고분석은 단순히 "몇 개가 남았나?"를 넘어 재고를 얼마나 효율적으로 관리하고 있는지를 파악하고 개선하는 작업이다. 오토스토어 시스템은 공간 효율성이 극대화된 시스템이고 상대적으로 고가의 장비를 더 효율적으로 운영하기 위해서는 재고분석은 선택이 아닌 필수 업무로 인식해야 한다.

(1) 빈(Bin) 재고종합

오토스토어에 보관된 빈(Bin)들이 상품 등급에 따라 어떠한 분포로 보관되어 있는지를 확인할 수 있다. 상품의 등급이 높을수록 그리드(Grid) 상단인 1~3단에 집중되어 있는 것이 좋다. 오토스토어가 관리하고 있는 빈(Bin)의 총수 그리고 비어있는 빈(Bin)의 개수도 함께 확인 가능하다.

단수	BIN수	상품 ABC등급						비중	EMPTY 빈(Bin)수
		A	B	C	D	E	X		
1	297	40	60	40	68	89	-	3	45
2	829	78	121	154	190	284	2	7	57
3	874	71	91	149	213	345	5	8	24
4	892	54	73	115	229	413	8	8	6
5	896	36	58	109	226	461	6	8	2
...	...	...	...	...	...	...	...	...	...
...	...	...	...	...	...	...	...	...	...
...	...	...	...	...	...	...	...	...	...
13	851	21	25	18	38	263	486	7	47
14	395	9	12	15	15	112	232	3	503
15	94	2	2	5	2	32	51	1	804
16	82	1	2	-	2	18	59	1	816
합계	11,492	478	677	971	1,593	5,955	1,618	100	2,308

[그림 3-32] 빈(Bin) 재고종합 화면 예시

(2) 일자별 입출고 분석

오토스토어가 관리하고 있는 빈(Bin)들이 일일 단위로 얼마나 보관하고, 얼마나 입고 또는 출고하고 있는지 추이를 볼 수 있는 화면이다. 전반적인 재고의 흐름을 확인할 수 있다.

일자	BIN총수	입고 빈(Bin)수	%	출고 빈(Bin)수	%	보관 빈(Bin)수	%	제품수 입고	출고	보관
09-26	13,800	976	7	5,597	7	11,506	83	785	2,528	7,701
09-25	13,800	827	6	5,443	6	11,219	81	714	2,448	7,713
09-24	13,800	667	5	5,579	5	10,968	80	625	2,431	7,706
09-23	13,800	500	4	6,134	4	10,887	79	465	2,635	7,689
09-22	13,800	493	4	6,928	4	11,121	81	429	2,881	7,704
09-21	13,800	-	-	-	-	11,469	83	-	-	7,806
09-20	13,800	-	-	107	-	11,469	83	-	95	7,806
09-19	13,800	701	5	4,748	5	11,482	83	655	2,318	7,809
09-18	13,800	498	4	5,121	4	11,222	81	459	2,407	7,775
09-17	13,800	606	4	5,085	4	11,137	81	558	2,434	7,806
09-16	13,800	461	3	6,024	3	10,879	79	367	2,715	7,772
09-15	13,800	440	3	6,133	3	10,839	79	375	2,758	7,793
09-14	13,800	-	-	-	-	10,715	78	-	-	7,797
09-13	13,800	2,132	15	1,415	15	10,715	78	1,815	975	7,797
09-12	13,800	1,484	11	2,360	11	8,500	62	1,366	1,309	5,885

[그림 3-33] 일자별 입출고 추이 예시

(3) 일자별 빈(Bin) 재고 단수 분석

오토스토어에 보관된 재고들이 그리드(Grid)내에 어느 정도의 깊이로 보관되고 있는지 전반적인 추세를 확인할 수 있는 화면이다.

재고일자	BIN합	단수 1	2	3	4	5	6	...	13	14	15
09-26	11,506	306	830	877	893	896	898	...	851	395	94
09-25	11,219	322	840	880	896	885	851	...	814	358	86
09-24	10,968	324	824	860	813	799	800	...	810	358	86
09-23	10,887	309	773	774	786	797	816	...	810	358	86
09-22	11,121	310	748	781	831	871	879	...	810	358	86
09-21	11,469	322	854	891	898	897	898	...	910	350	86
09-20	11,403	322	854	891	898	897	898	...	810	358	86
09-19	11,482	325	861	894	000	897	898	...	810	358	86
09-18	11,222	304	810	866	880	895	898	...	731	298	85
09-17	11,137	323	848	895	895	898	897	...	612	225	85
09-16	10,879	513	830	879	891	897	896	...	468	91	21
09-15	10,839	516	854	890	898	898	898	...	417	63	18
09-14	10,715	627	783	898	898	895	888	...	369	45	18
09-13	10,715	702	751	856	862	867	881	...	371	45	18

[그림 3-34] 일자별 빈(Bin) 재고 단수 분석 예시

(4) 일자별 빈(Bin) 출고 단수 분석

오토스토어에서 출고 시 어떤 단수에서 주로 출고가 있는지 확인할 수 있다. 이를 통해 얼마나 디깅(Digging)이 되고 있는지 확인 가능하다.

출고일자	BIN합	단수									
		1	2	3	4	5	6	...	13	14	15	16
09-26	5,597	622	1,089	864	685	539	440	...	63	36	7	2
09-25	5,443	584	1,200	843	670	525	375	...	62	23	5	4
09-24	5,579	645	1,173	856	667	478	404	...	65	26	5	-
09-23	6,134	620	1,239	930	675	581	469	...	65	32	7	10
09-22	6,928	707	1,292	1,006	828	659	532	...	93	43	17	6
09-21	107	10	24	22	10	7	12	...	2	-	-	-
09-20	4,748	507	1,010	716	583	434	371	...	57	24	6	7
09-19	5,121	614	1,062	800	650	458	397	...	57	21	6	4
09-18	5,085	696	1,041	847	617	475	386	...	30	7	7	3
09-17	6,024	1,012	1,204	929	711	599	451	...	45	5	1	-
09-16	6,133	1,085	1,237	1,023	770	563	399	...	39	11	3	1
09-15	1,415	142	173	105	144	173	186	...	8	-	-	-
09-14	2,360	408	581	406	329	217	157	...	-	-	-	-
09-13	3,727	658	1,006	646	524	335	241	...	-	-	-	-
09-12	3,668	643	959	721	528	318	224	...	-	-	-	-

[그림 3-35] 일자별 빈(Bin) 출고 단수 분석 예시

(5) 상품별 빈(Bin) 적재율 분석

상품별로 몇 개의 빈(Bin)을 사용하고 있는지, 상품별로 빈(Bin) 적재율이 어느 정도인지를 파악할 수 있는 화면이다. 이 분석자료를 활용하면 어떠한 상품의 빈(Bin)을 조각모음 할 것인지를 결정할 수 있다.

상품코드	BIN수	빈 적재율									
		0~10%	~20%	~30%	~40%	~50%	~60%	~70%	~80%	~90%	~100%
A1	24	-	-	1	-	-	-	-	-	-	23
A2	20	-	1	-	1	-	1	-	16	-	-
A3	19	2	-	-	-	-	-	-	-	-	16
A4	16	-	-	-	-	1	-	-	-	1	14
A5	14	-	-	-	-	1	-	-	-	-	10
A6	14	-	-	-	-	2	-	-	-	1	11
A7	14	-	1	-	-	1	-	-	-	-	11
A8	13	-	-	-	-	-	-	-	1	-	12
A9	12	-	-	-	-	1	-	1	-	-	9
A10	11	-	-	-	-	-	-	-	-	1	10
A11	11	-	1	-	-	-	-	-	-	-	10
A12	11	1	-	-	-	-	-	-	-	-	10

[그림 3-36] 상품별 빈(Bin) 적재율 분석

큐브형 로봇 물류 자동화 시스템

오토스토어 이해와 활용

AutoStore

제 4 장

오토스토어 도입

제4장에서는 오토스토어 구축의 절차와 업체 선정 과정을 알아본다. 오토스토어는 고가의 하드웨어와 소프트웨어, 주변 설비가 통합되는 대규모 프로젝트로 기업의 복잡한 물류 환경과 향후 확장성까지 고려해야 한다. 따라서 단순 도입을 넘어 적합한 구축 업체를 선정하는 과정이 중요하며, 필요성 검토, 제안요청서(RFP) 발송, 평가, 우선협상 대상자 선정 등 체계적 절차를 거쳐 진행된다.

큐브형 로봇 물류 자동화 시스템

오토스토어 이해와 활용

AutoStore

오토스토어 도입은 그리드, 로봇, 포트, 콘트롤러 등 수많은 하드웨어 뿐만 아니라 다양한 소프트웨어 그리고 주변 설비들이 함께 통합 구축된다. 구축비용도 비교적 고가이며 장기간 안정적으로 운영되어야 하는 매우 중요한 시스템이다.

기업의 다양하고 복잡한 물류 환경을 수용해야 하고, 향후 확장성과 변화에 유연성있게 대응이 가능해야 하기 때문에 오토스토어 도입뿐만 아니라 이를 실제 구축하는 업체를 선정하는 작업도 매우 중요하다.

일반적으로, 오토스토어 도입은 도입 필요성 검토단계에서부터 제안요청서 발송, 평가, 우선협상 선정을 거쳐 최종 업체를 선정하는 단계로 진행된다.

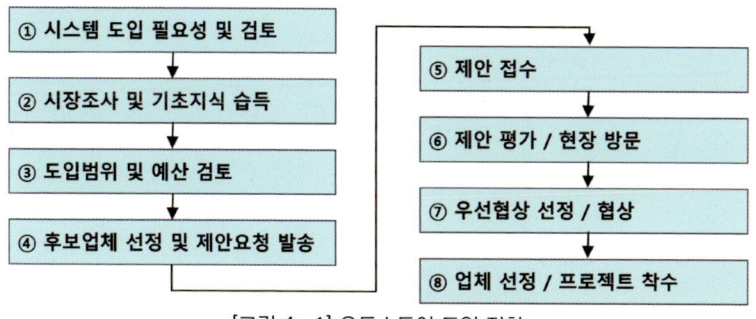

[그림 4-1] 오토스토어 도입 절차

1. 시스템 도입 필요성 검토

물류 환경은 매우 빠르게 변화한다. 고객의 요구가 다양해지고 시장 경쟁이 치열하기 때문에 기업은 더 효율적인 물류 시스템을 요구한다.

과연 우리의 물류환경에 오토스토어가 적합한지, 투자비용과 ROI 등을 다양한 시각으로 충분한 검토가 필요하다.

〈표 4-1〉 도입 필요성 주요 검토사항

구분	도입 전	오토스토어 도입 후
물류환경	환경 변화에 대응 용이	상품특성, 출고 추이/규모에 상대적으로 민감함
창 고	통로 등 불필요 공간이 과도함 (보관 공간 부족)	통로 등 불필요 공간 최대한 제거 (추가 창고 확보 필요 없음)
인 력	작업자가 50% 이상 걷는 시간 낭비	작업자 이동 없이 작업 가능
비용/효과	초기비용 낮음 장기적 운영 비용 높음	초기비용 높음 장기적 총소유비용 낮음 ROI 비율 높음
고객만족도	재고정확도, 클레임 확률 비교적 높음	재고정확도, 클레임 확률 낮음
대외홍보	대외 홍보 어려움	첨단 물류 홍보, 경쟁력 강화

2. 시장조사 및 기초지식 습득

시스템 도입을 위해 필요한 사전지식을 습득하고, 구축 후보 업체 등을 파악하는 단계이다.

오토스토어 시스템은 독자적으로 도입하여 운영할 수 있는 시스템이 아니다. WES와 같은 물류시스템이 함께 도입하는 것이 일반적이다. WES 물류시스템이 실질적으로 오토스토어를 제어하고 물류 프로세스를 최적화할 수 있기 때문이다.

어쩌면 오토스토어 자체 보다 개발 업체들의 역량이 더 중요하다. 개발업체들의 WES 시스템 구축 및 운영, 오토스토어를 설치, 운영 및 유지보수 등의 역량과 기술 수준에 상당한 차이가 있기 때문이다.

또한, 다른 물류 자동화 시스템보다 오토스토어는 기술을 이해하고 습득하는데 상당한 학습과 노력이 필요하다. 도입하려는 업체가 제대로 시스템을 이해하지 못한다면 당연히 제대로된 시스템 구축이 어렵다.

RFI(Request for Information) 자료 요청, 세미나 참석, 외부 교육 활동, 벤치마킹 방문 등의 방법이 효과적인 접근법이다.

오토스토어 기본 조사 양식 (예시)

일반	회사명		주소	
	대표자		직원수	
	매출액		특허 등	
	보유솔루션			
	주요거래처			
	기타사항			
오토스토어 및 WES	시스템명		DB,언어,OS	
	멀티화주 지원		다국어지원	
	일반창고지원		TMS지원	
	인터페이스		빌링시스템	
	지원 자동화 설비		소스코드 제공	
	타사 통합관리 경험		주요구축실적	
예상비용	라이선스 정책		초기구매비용	
	년간유지비			

[그림 4-2] 시스템 도입 기본 조사 양식 (예시)

〈표 4-2〉 오토스토어 기능 분석 체크리스트1 (예시)

구분	내용
인터페이스	11.다양한 인터페이스 방식을 보유하고 있는가?
	12.실시간 데이터 동기화가 가능한가?
	13.ERP, WMS, WES 등 다양한 시스템 연동 경험이 있는가?
	14.소터, AGV/AMR 등 다른 자동화 설비 연동 방안은?
	15.인터페이스 장애시 대응 방안이 있는가?
입고	21.빈(Bin) 자동할당 방식 입고 처리 가능한가?
	22.빈(Bin) 수동할당 방식 입고 처리 가능한가?
	23.빈(Bin) 분할입고, 기존 보관된 빈(Bin)에 추가 입고 가능한가?
	24.입고 현황 및 진행률, 오류/지연에 대한 대응 방안은 있는가?
	25.수기 입고 및 입고반품 처리 가능한가?
	26.입고 중 수량 차이, 오류 발생시 대응이 가능한가?
	27.AI 등 첨단 기술이 도입 적용되어 있는가?

구분	내용
출고	31.출고지시가 없을 경우 수기등록이 가능한가?
	32.출고작업이 전부 또는 일부취소, 수정이 가능한가?
	33.긴급출고 등 대응이 가능한가?
	34.오토스토어 자동 출고지정, 수동지정 출고 모두 가능한가?
	35.작업 준비율에 따라 유동적으로 작업 진행이 가능한가?
	36.출고 반품 처리가 가능한가?
	37.출고 중 수량차이, 오류 발생시 대응이 가능한가?
	38.AI 등 첨단 기술이 도입 적용되어 있는가?
재고관리	41.시점별로 재고조회 가능한가?
	42.전수 재고실사 및 수시재고실사 가능한가?
	43.빈(Bin) 분할, 합하기 작업, 관리 가능한가?
	44.빈(Bin) 최적화(조각모음) 지원이 가능한가?
	45.그리드(Grid) 최적화 기능 지원 가능한가?
	46.빈(Bin) 재고조정, 사유 관리가 가능한가?
	47.피킹 로봇, 자동 검수 등의 시스템과 연동이 가능한가?
	48.AI 등 첨단 기술이 도입 적용되어 있는가?
포트운영	51.인공지능(AI), TTS, STT 등 차별화 기능이 제공 되는가?
	52.로봇 또는 빈(Bin) 이동 상황 확인이 가능한가?
	53.바코드, RFID 등 다양한 주변 장비 연동이 가능한가?
	54.안드로이드 등 모바일 장비 운영이 가능한가?
모니터링	61.병목현상 발생시 시각화, 자동 통보 등의 대응이 가능한가?
	62.로봇, 포트 등의 진행사항 등을 종합적으로 모니터링 되는가?
	63.비용관리, 물동량, 생산성 측정은 가능한가?
	64.모바일 장비에서 모니터링이 가능한가?
	65.오류 발생시 사전 알람 등을 전달 받을 수 있는가?
보안/ 장애예방	71.시스템 보안 및 백업, 복원 계획은 적절 한가?
	72.포트, 로봇 등 운영현황, 고장이력 등 관리 가능한가?
	73..포트, 로봇 등 예상수명, 교체주기 등 사전 예측이 가능한가?
	74.고장 등 대비 예비장비 등 확보 대책이 있는가?

3. 도입범위 및 예산검토

지금까지 파악한 내용들을 기반으로 우리가 도입해야 할 필수적인 기능이나 요구사항을 정리하고 이에 따른 예산금액을 산정하는 단계이다.

시스템의 도입목표를 명확히 하고 운영 프로세스, 재고관리, 입출고 방식 등의 세부적인 사항을 확정하고 시장 조사 자료 등을 고려하여 도입 예산을 수립한다.

〈표 4-3〉 도입범위 및 예산 주요 검토사항

구분	내용
도입범위	- 시스템 도입목표 설정 - 창고운영방식, 재고관리방식, 물류인력, 인프라 등을 확정
예산검토	- 후보 솔루션 기능, 라이선스, 유지보수 등 소요비용 평가 - 도입범위 기반 기능별 예산비용 산출 - 도입예산 적정성 평가

4. 제안요청서(RFP) 발송

개발 업체 중 후보 업체를 선정하고 제안요청서를 발송하는 단계이다.

보통 2~3개 업체 정도의 업체를 선정하여 진행하는 것이 좋다.

제안요청서는 서면에 의해 공식적으로 업체에 발송하고, 이후 별도로 설명회를 개최하고 물류 현장 방문 일정도 고려해야 한다.

제안요청서에는 기업의 현황 및 향후 사업방향, 시스템 요구사항, 제안서 작성시 주의사항, 제안서 평가방법, 향후 진행일정 등의 정보들을 상세하고 명확하게 명시해야 한다.

충실한 제안서를 작성할 수 있도록 후보 업체에 충분한 기간을 부여하고, 현장 설명회 등 적극적인 협조와 협력이 반드시 필요하다.

오토스토어는 현장에 설치 운영하지 않더라도 사전에 시뮬레이션을 통해 로봇, 그리드, 포트 등을 어느 정도의 규모로 도입하면 좋을지 시뮬레이션이 가능하고 정확도가 매우 높다.

시뮬레이션을 위해서는 취급하고 있는 상품 정보, 특정 기간의 입출고 현황 등의 세부적이고 상세한 자료를 전달하는 것이 중요하다.

5. 제안서 접수

제안 요청서에 명시된 일정까지 제안서 및 견적서를 접수 받는다. 접수 받은 제안서와 견적서는 정보가 누설되지 않도록 각별한 주의가 필요하다.

또한, 제안서를 평가하기 위한 평가위원 선정 등 세부 계획과 일정을 수립해야 하는데 관련 부서나 담당자의 일정에 문제가 없도록 사전 통지 및 조율이 필요하다.

제안 발표는 통상 제안 접수일로부터 1주일 내외의 기간 내에 실시한다. 사전에 평가인원, 장소, 배점, 향후 일정, 주의사항 등을 사전 통보해야 한다.

제안평가나 현장 방문 전, 제출된 서류(제안서, 견적서 등)에 누락되거나 추가 확인이 필요한 사항이 있는지 검토해야 한다.

6. 서류심사 및 현장방문

제안서를 제출한 업체를 서류심사와 현장 방문 등을 거쳐 최종 제안평가를 진행할 업체를 선정하는 단계이다.

서류심사는 제출한 제안서를 검토하여 제안요청서(RFP)에 명시된 목적, 범위, 요구사항, 필수 제출서류 이상여부 등을 중점적으로 확인한다.

후보업체 방문 시에는 오토스토어 시스템이 안정적이고 효율적으로 운영되고 있는지 고객 만족도, 유지보수, 효율성 등에 대한 검토와 확인을 수행한다.

〈표 4-3〉 서류심사 및 현장방문 확인사항 예시

구분	내용
서류심사 확인사항	- 제안서의 목적과 범위가 요구사항을 충족하였는지 확인 - 오토스토어 도입가격 및 유지보수 금액이 요구사항에 충족하였는지 확인 - 제안사의 사업실적 증빙 등 관련 서류의 이상여부 확인 - 제안서의 구성, 형식, 내용의 일관성에 문제가 없는지 확인 - 제안서의 명시된 일정, 방법 등이 현실 가능한지 확인 - 기타 애매하거나 중대한 오류가 있는지 확인
현장방문 확인사항	- 오토스토어 시스템이 방문 기업에 제대로 적용되고 있는지 평가 - 오토스토어 및 WES의 사용 편의성 및 효율성 확인 - 시스템의 운영 및 유지보수에 대한 업체의 지원 여부 확인 - 시스템 운영에 대한 고객의 만족도 - 시스템 도입에 따른 비용 절감 및 물류 휴율성 향상

7. 제안평가 및 우선협상

제안서 검토와 제안발표를 토대로 우선협상 업체를 선정하는 단계이다.

사전 선정된 평가위원은 미리 제안서 및 관련자료, 현장방문 결과 등의 정보를 종합적으로 제공하고 충분한 숙지가 될 수 있도록 조치해야 한다.

공정성을 확보하기 위해 제안 발표장소에서 가급적 제안 업체간에 서로 만나지 않도록 시간계획과 대기장소 등 세심한 준비가 필요하다. 제안 발표를 위한 대기장소, PC, 빔프로젝터 등의 이상 여부도 사전에 반드시 체크하도록 한다.

평가위원이 평가한 결과를 취합하고 가격 평가 결과를 사전에 공지된 가중치에 따라 계산하여 최종 우선협상 업체를 공정하게 선정한다.

우선협상 업체가 확정되면 선정된 업체가 어디이고 어떤 기준과 결과로 선정이 되었는지 참여한 모든 제안업체에게 공식적으로 통보하는 것이 좋다.

우선협상 업체는 최종 계약을 위한 최종 검증을 진행한다. 오토스토어 시스템이 도입된 현장을 직접 방문하여 세부적인 사항을 체크하거나 추가 질의서를 통해 추가 문제점을 파악할 수도 있다.

제 안 평 가 표 (예시)

구 분		내 용	배점	점수		
				제안서	발표	계
회사	신뢰도	회사 대외 인지도 및 신뢰도				
	구축실적	솔루션 구축 실적 및 사례				
	재무구조	회사 재무 안정성				
시스템	기능	요구사항의 반영이 충분히 되었는가?				
	편의성	화면, 메뉴구성 등의 사용자에게 편리한가?				
	확장성	향후 추가적인 확장 개발이 가능한가?				
	유연성	기능변경이나 수정 요구시 유연하게 대응가능한가?				
	기술이전	교육, 기술이전 수준 및 범위				
유지보수	업그레이드	향후 시스템 업그레이드 계획은 구체적인가?				
	교육지원	관리자 및 사용자 교육 계획은 명확한가?				
	유지보수	유지보수 체계 및 프로세스는 체계적인가?				
	장애대응	장애 발생시 대응 체계				
계			100			
평가의견 :						

[그림 4-3] 제안평가표 예시

8. 최종 업체선정 및 프로젝트 착수

우선협상 업체와 계약서에 대한 세부적인 조건과 프로젝트 일정 등 세부 협의를 진행한다.

실제 프로젝트 추진을 위한 사내 프로젝트 팀을 구성하고 세부 프로젝트 수행 계획서와 킥오프 행사를 준비한다.

큐브형 로봇 물류 자동화 시스템

오토스토어 이해와 활용

AutoStore

제 5 장

오토스토어 구축

제5장에서는 오토스토어를 안정적으로 운영하기 위한 구축 전략과 단계별 구축 절차, 그리고 구축 시 고려해야 할 사항을 다룬다. 명확한 목표와 범위 설정, 현업의 적극적 참여와 파트너십, 체계적인 프로젝트 관리 원칙을 제시하고, 계획·분석·설계·개발·테스트·오픈으로 이어지는 표준 구축 프로세스를 정리한다. 또한 신뢰성, 기능성, 편의성, 유연성, 유지관리 관점에서 시스템 완성도를 높이는 방향을 제안한다.

큐브형 로봇 물류 자동화 시스템

오토스토어에 대한 이해와 활용

AutoStore

1. 구축 전략

오토스토어 시스템 구축에는 수 개월 이상의 기간이 소요된다. 다양한 이해관계자들이 프로젝트에 참여하는 만큼 다양한 위험과 문제들에 노출될 수 있다.

성공적인 시스템 구축을 위해서는 도입기업의 적극적 참여, 핵심 인력 투입, 상호 파트너십 그리고 안정적 프로젝트 관리 역량이 필요하다.

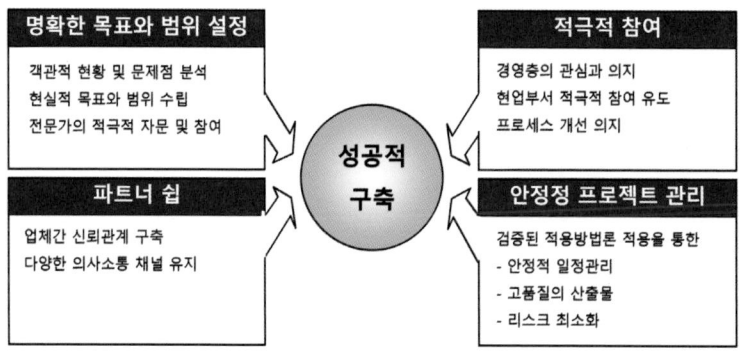

[그림 5-1] 오토스토어 구축 전략

가. 명확한 목표와 범위 설정

기업에 현실에 맞지 않는 과도한 프로젝트 목표로 진행하면 과도한 비용이 투입될 수 있고, 실제 물류현장에 맞지 않는 시스템이 개발될 가능성이 높다.

현실적이고 명확한 목표와 범위로 프로젝트를 수행할 수 있도록 경영진, 실무자들과의 충분한 의사소통이 중요하다. 다소 시간이 소요되더라도 다양한 분야의 이해관계자들과의 협의, 워크숍 개최 등 적극적인 활동이 필요하다.

기업의 물류상황, IT인프라, 재무상황, 대내외 다양한 이해관계자와 고객들의 의견을 반영하고 검증할 수 있도록 전문가의 자문과 컨설팅 진행도 좋은 방법이다.

나. 적극적 참여

오토스토어는 물류 업무를 실제로 수행하는 시스템이기 때문에 실무자들의 적극적인 참여가 무엇보다 중요하다. 현업 실무자 참여는 현재 물류 프로세스를 빠르게 파악할 수 있고, 구축 과정뿐만 아니라 향후 안정적 운영을 기대할 수 있다.

보통, 현업 실무자들은 기존 업무도 병행해야 하는 경우가 많기 때문에 프로젝트 참여를 기피하는 경우가 많다. 경영진들은 이들이 적극 참여할 수 있도록 다양한 동기 부여 노력이 필요하다.

다양한 워크숍 개최, 설문조사, 시스템 소개, 시연, 프로젝트 진행사항 공유 행사 등 다양한 의사소통 활동 계획 수립이 요구된다.

다. 파트너십

시스템을 구축하다 보면 고객사와 개발업체 간 신뢰가 무너져 시스템 구축이 중단되거나, 시스템 구축은 되었지만 요구되는 성능을 제대로 발휘하지 못하는 경우가 종종 발생한다.

누구의 책임인지는 상황에 따라 다를 수 있지만, 양사 모두 이득이 될 수 없음이 틀림 없다. 따라서, 고객사와 개발사간 신뢰 관계는 성공적인 시스템 구축을 위해 필수적이라는 인식을 함께 하고, 이를 유지하기 위한 적극적인 의사소통 활동과 채널이 필요하다.

라. 프로젝트 관리

프로젝트를 성공적이고 정해진 기간 내에 수행하기 위해서는 검증되고 효과적인 프로젝트 추진 방법론이 필수적이다.

구체적이고 명확한 프로젝트 추진 조직과 역할, 책임, 프로젝트 일정 계획 및 관리, 단계별 추진절차와 그에 따르는 산출물을 명확히 하는 것이 좋다.

프로젝트 수행 시 발생할 수 있는 위험 요소를 사전에 파악하고 조기에 예방하는 활동 등 충분한 준비와 관리가 필요하다.

2. 구축 절차

오토스토어 시스템 구축 절차는 계획수립, 분석, 설계 및 개발, TEST 및 교육을 거쳐 최종 시스템을 오픈하고 최종보고를 끝으로 프로젝트가 마무리된다.

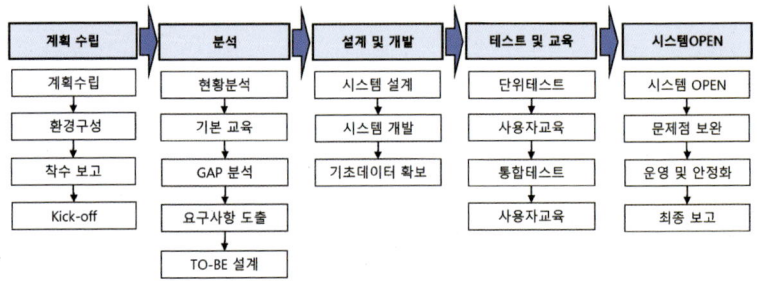

[그림 5-2] 시스템 구축 절차

가. 계획수립

프로젝트 추진을 위한 전체적인 일정과 프로젝트 추진 조직 및 역할을 정의하고 프로젝트에 필요한 개발환경 등이 무엇인지 파악한다. 프로젝트 수행을 위한 기본적인 기반을 다지는 단계이다.

계획수립단계에서는 요구하는 프로젝트 일정, 사업범위 및 요구사항 등이 최대한 반영될 수 있도록 충분한 협의와 조율을 해야 한다.

착수보고는 프로젝트 성공을 위한 중요한 출발점이다. 전사적인 관심과 협조를 이끌어낼 수 있는 행사가 될 수 있도록 다양한 이벤트를 함께 준비하는 것도 좋다.

킥오프 행사는 통상적으로 프로젝트의 목표, 단계별 추진일정, 추진조직 및 역할, 참여인원, 단계별 산출물, 향후 TO-BE, 기대효과 등의 내용을 발표한다.

착수보고 문서 외에 수행계획서를 작성하는데 사업목표, 범위, 일정, 예산, 품질, 인적자원, 의사소통, 위험관리, 조달관리 등의 내용이 포함된다.

〈표 5-1〉 계획수립 단계 주요 산출물 예시

구분	주요 내용
착수보고서	- 프로젝트 추진 개요 및 목표 - 단계별 추진일정 - 추진조직 및 역할 - 기대효과 및 예상 TO-BE - 추진 협조사항 등
수행계획서	- 목표 : 프로젝트의 구체적인 목표 명시 - 범위정의 : 개발해야 할 프로세스, 프로그램 목록 등의 요건을 명확화 - 일정계획 : 프로젝트 단계별로 상세한 일정 수립 - 예산계획 : 프로젝트 추진에 따른 단계별 투입 금액 명시 - 품질계획 : 산출물, 프로그램이 요구사항 충족여부 확인 방법, 방법론 명시 - 의사소통 : 추진조직, 의사소통 방법, 주기 등 명시 - 위험관리 : 예상되는 위험요인 발굴하여 사전 대응계획 수립 - 조달관리 : 프로젝트에 필요한 자재, 서비스를 수급하기 위한 구체적인 계획

나. 현황 분석

실제 프로젝트를 수행하는 첫 번째 단계라 할 수 있다. 새로운 시스템을 구축하기 위해서는 기존의 물류환경이나 프로세스를 분석하는 작업이 선행되어야 한다. 현재 업무를 수행하고 있는 현업 실무자를 대상으로 문서 또는 인터뷰를 통하여 현재의 프로세스를 파악하고 문제점이나 개선 방안에 대해 상세히 조사·분석한다.

오토스토어를 이해하는 노력도 반드시 필요하다. 오토스토어의 전반적인 개념과 기능들을 참여하는 구성원들이 함께 공유하고 학습해야 한다. 시스템 매뉴얼, 전문가의 교육을 할 수 있고, 이미 사용하고 있는 타기업의 물류현장을 방문하여 벤치마킹하는 것도 매우 좋은 방법이다.

〈표 5-2〉 현황분석 단계 주요 산출물 예시

구분	주요 내용
분석보고서	- 요구사항 정의서 - 현행 프로세스 정의서 - 조직구성 및 역할/책임 - 프로세스 단계별 출력물 등
도입솔루션 분석서	- 시스템 기능 및 프로세스 분석 - 벤치마킹 결과서 - 프로세스 단계별 출력물 등
GAP 분석서	- 분석보고서와 도입솔루션 검토서를 참고하여 차이분석 수행 - 주요 차이분석 및 극복방안 도출 - 기본 TO-BE 방안 도출 - 개선효과 분석

다. 설계 및 개발

현황분석 단계에서 작성된 산출물들을 바탕으로 최종적인 기능과 프로세스 등의 TO-BE를 확정하고 이를 기반으로 실제 시스템을 설계하고 개발하는 단계이다.

기존에 분석된 요구사항 등 각종 분석 자료들을 바탕으로 오토스토어, WES의 기능, 구조, 데이터모델, 프로세스들이 확정되고 세부 개발목록들이 만들어진다. 개발목록 작성 후에는 화면의 레이아웃, 출력물의 형태, 작업절차 등 개발을 위한 세부 사항들을 정리한다.

설계 및 개발 문서들을 참고하여 실제 개발자들이 프로그램을 코딩한다. 개발된 프로그램들은 단위테스트, 통합테스트, 시스템테스트, 사용자테스트를 통해 요구사항이 제대로 반영되었는지, 성능에 문제는 없는지 검증하고 개선하는 과정을 거친다.

〈표 5-3〉 설계 및 개발단계 주요 산출물 예시

구분	주요 내용
개발표준	- 시스템 개발을 위한 서버, 데이터베이스, 개발도구 등 - 개발절차, 단계별 표준 산출물 정의 - 화면구성, 용어, 코드스타일, 보안규칙, 변수명명규칙 등
시스템설계	- WMS 기능 정의 - 데이터 구조 모델링 - 상세 프로세스 기준
개발문서	- 화면 레이아웃 및 조작방법 - 화면 입출력 및 데이터 처리 알고리즘
테스트계획	- 테스트 절차, 방법, 기준 정의 - 단위테스트, 통합테스트, 시스템테스트, 사용자테스트 시나리오 및 결과
교육계획	- 교육방법, 교육일정, 교육내용 등 명시
운영계획	- 운영절차, 보안 절차, 유지보수 절차

라. 테스트 및 교육

지금까지 계획수립, 현황분석, 설계 및 개발된 시스템이 운영상 문제가 없는지 검증하고 문제점 개선을 통해 시스템 완성도를 높이는 단계이다.

테스트는 설계 시 미리 작성된 테스트 절차와 방법, 시나리오로 진행한다. 보통, 특정 기능이나 화면이 문제가 없는지를 확인할 수 있는 단위테스트, 프로세스가 정상적으로 수행되는지 확인할 수 있는 통합테스트, 사용자가 시스템 속도나 최종적인 데이터 검증을 위한 사용자테스트가 단계별로 진행된다.

테스트가 완료되면, 실제 사용자들을 대상으로 시스템에 대한 교육을 진행한다.

사람은 안주하려는 의식이 기본적으로 깔려 있고 변화에 대한 거부감을 느낄 수 있다. 구축된 오토스토어 시스템을 통해 많은 부분이 좋아지고 효율적이라는 점을 홍보하여 교육에 자발적으로 참여할 수 있도록 노력해야 한다.

〈표 5-4〉 테스트 및 교육단계 주요 산출물 예시

구분	주요 내용
테스트 결과서	- 테스트 결과 보고서 - 시스템 보완 및 검증테스트 결과 확인
교육 결과서	- 교육 계획 및 대상, 절차 - 교육참석자, 교육내용, 개선사항 등 정리

마. 시스템 오픈

시스템 구축 및 테스트를 거친 시스템을 실제 업무에 적용하는 단계이다. 이 단계에서는 실제 업무수행 중 문제점이 없는지를 모니터링하고, 테스트 단계에서 발견되지 못한 문제점이나 개선사항을 보완하는 작업이 수행된다.

시스템이 안정화 궤도에 접어들게 되면 프로젝트를 종료하기 위한 정리작업을 진행한다. 최종 보고서 작성과 검수 완료를 거치면 프로젝트는 완료되고 유지보수 단계로 전환된다.

오픈 이후 유지보수도 개발 못지 않게 매우 중요하다. 시스템이 안정적으로 유지되고, 생산성 향상을 위한 개선을 지속될 수 있도록 상호 적극적인 노력이 요구된다.

〈표 5-5〉 시스템 오픈 및 완료 산출물 예시

구분	주요 내용
최종보고서	- 시스템 구축 진행 경과 보고 - 구축 시스템 현황 및 개발 결과 보고 - 향후 확대적용 및 개선방안 등 명시
운영자매뉴얼	- 시스템 구축 및 운영환경 - 시스템 일반적인 운영방법 및 절차서 - 시스템 장애 대응 절차
사용자매뉴얼	- 시스템 접속, 기본사용 방법 - 프로세스 흐름 및 전체적인 절차 - 화면 등 업무단위별 세부 조작방법 등 설명

3. 구축 시 고려 사항

가. 신뢰성

시스템에 오류나 문제점이 없도록 사전에 예방하는 활동이 매우 중요하다. 이를 위해서 내부적인 통제 및 승인절차 도입이 필요하다.

시스템의 운영 시에도 어떤 문제가 발생되어 중단되거나 데이터가 손실될 경우를 대비하여 백업시스템 등의 비상대응시스템의 구축이 필요하다.

나. 기능성

구축 목적에 부합할 수 있도록 산출물을 작성하고 시스템의 개발이 진행되어야 한다.

아무리 좋은 오토스토어 시스템이라 하더라도, 고객사가 어떤 기능들을 만들어야 하는지 모른다면 성공적인 시스템 구축이 어렵다.

도입하고자 하는 기업은 자신이 필요로 하는 요구사항을 충분한 검토 과정을 거쳐 가능한 많이 도출하고 이를 시스템에 반영하려는 노력과 협의가 필수적이다.

다. 편의성

시스템이 누가 보아도 어떠한 내용인지, 어떻게 조작하여야 하는지에 대해 쉽게 인식할 수 있도록 편의성을 고려하여 개발되어야 한다.

가령 시스템에 사용되고 있는 글자크기 조정을 통해 인식의 편의성을 높인다든지, 아이콘을 보다 인식이 쉽도록 그림을 변경한다든지, 용어를 통일하고 쉽게 풀어 쓰는 등의 노력이 필요하다.

라. 유연성 및 최적화

시스템 운영 중에 발생하는 오류의 원인을 쉽게 파악하고 수정할 수 있어야 한다. 오류 뿐만 아니라 향후 시스템의 변경이나 확장 시에 쉽게 대응할 수 있도록 시스템 확장성을 고려한 사전 설계가 필요하다.

또한, 반복적이고 중복적인 프로세스는 배제하고 단순화하는 작업, 부분의 효율화에 집중하기보다는 전체 시스템 관점에서 최적화 및 효율화될 수 있도록 노력해야 한다.

마. 개선 및 유지관리

오토스토어 시스템의 구축이 프로젝트의 끝이 아니다. 산출물 등 모든 결과물들은 향후 필요한 시점에 쉽게 활용될 수 있도록 정리되어야 하고 누구나 쉽게 접근할 수 있어야 한다.

또한 시스템 성능이나 효율이 떨어지지 않도록 지속적으로 개선사항을 반영하여 항상 최상의 상태로 유지되도록 하여야 한다.

제 6 장

오토스토어 FAQ

제6장에서는 오토스토어 도입 전 실무자들이 가장 많이 묻는 질문들을 「FAQ 형식으로 정리한다. 입출고 속도와 성능 한계, AI 시스템 여부, WES와의 연동 필요성, 입·출고 운영 시 실무상의 어려움과 대응 방안, 장애·고장 대응, 확장성, 구축 업체 선정 기준, 적용 가능 업종과 활용 분야 등 오토스토어 이해와 도입 의사결정에 필요한 핵심 쟁점을 폭넓게 다룬다.

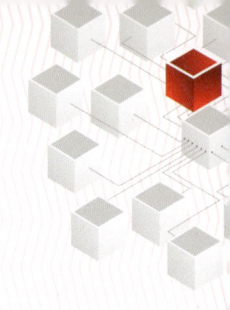

큐브형 로봇 물류 자동화 시스템

한 권으로 이해하는 오토스토어

1. 오토스토어로 빠르게 입출고 할 수 있나?

오토스토어를 처음 보면 이런 질문을 많이 한다. "저렇게 빈(Bin)을 쌓아두면 원하는 물건을 찾을 때 한참 걸리는 거 아냐?", "맨 아래 있는 물건을 꺼내려면 위에 있는 박스들을 다 들어내야 하잖아, 그럼 느릴 수 밖에 없지 않나?"

결론부터 말하자면, 다른 물류 자동화 설비보다 빠르다고 할 수 없지만, 유사한 속도는 기대할 수 있다. 1/4 수준의 창고면적 사용에 따른 비용 절감 등을 고려한다면 충분히 경쟁력을 갖추었다고 할 수 있다.

오토스토어는 "빈(Bin)을 파헤치는" 과정을 극도로 효율화해서 이러한 문제를 해결한다.

첫 번째는 로봇의 병렬 처리에 있다. 오토스토어는 수십 대, 수백 대의 로봇이 동시에 작업을 처리한다. 한 로봇이 빈(Bin)을 파헤치고 있을 때, 다른 로봇들은 다음 작업을 위해 다른 빈을 옮긴다. 필요한 물건이 맨 아래에 있다면, 하나의 작업이 끝나고 다음 작업이 시작되는 게 아니라, 여러 로봇이 협력해서 처리한다.

두 번째는 선제적인 처리에 있다. 다음 피킹(Picking)할 상품을 미리 예측하고, 그 상품이 들어있는 빈(Bin)을 포트 근처로 미리 옮겨 놓을 수 있다. 작업자가 첫 번째 상품을 피킹하는 동안에 로봇은 두 번째 상품이 있는 빈(Bin)을 이미 준비한다. 이런 선제적인 작업 덕분에 작업자가 기다리는 시간을 획기적으로 줄일 수 있다.

세 번째는 빠른 로봇과 팔레토 법칙, 자연 슬로팅 기법에 있다. 자연스럽게 파레토 법칙, 자연 슬로팅 기법이 적용되면서 자주 나가는 상품의 빈(Bin)들은 그리드 상단에 분포한다. 반대로 거의 출고 되지 않는 상품의 빈(Bin)들은 그리드 하단으로 점차 내려간다. 즉, 자주 나가는 상품은 빠르게 출고하고, 가끔 출고되는 상품들은 로봇의 선제적이고 병력 처리로 빠르게 빈들을 끌어 올린다.

마지막으로 사전작업 준비율(Prepared Rate)을 관리하는데 있다. 오토스토어는 출고해야 할 오더를 수신 즉시 관련된 빈(Bin)들을 그리드 상단으로 옮기는 작업을 미리 수행한다. 이 작업은 오더의 양이나 빈(Bin)의 분포에 따라 몇 분에서 몇 십 분 정도의 시간이 소요된다.

최소의 시간만 오토스토어에 할애할 수 있다면 기존 물류 자동화 설비와 거의 동일한 속도로 입출고 작업이 가능하다.

마지막으로, 그리드(Grid) 최적화이다. 과거 실적 데이터, 향후 계획된 일정이나 매출목표, 날씨, 뉴스 등의 데이터를 통계기법, 딥러닝, 머신러닝 등 최신 기술들을 활용하여 빈(Bin)의 위치를 최적화할 수 있다.

2. 오토스토어는 인공지능(AI) 시스템인가?

오토스토어는 인공지능(AI)이라는 개념이 미묘하게 섞여 있다. 엄밀히 말하면 오토스토어는 '순수한' AI 시스템은 아니지만, AI의 핵심 원리를 활용해서 놀라운 효율을 낼 수 있는 시스템이다.

오토스토어의 컨트롤러(Controller) 소프트웨어는 모든 로봇들의 복잡한 움직임과 빈(Bin) 위치를 실시간 제어·관리한다. 이는 단순한 프로그래밍으로 만든 시스템이 아니라는 뜻이다. 수많은 첨단 최적화 알고리즘을 활용해서 만든 소프트웨어라는 의미이다.

오토스토어 최적화 알고리즘은 로봇이 특정 빈(Bin)을 꺼내야 할 때 수십 개의 로봇 중에서 어떤 로봇이 가장 빠르게 접근할 수 있고, 어떠한 경로로 이동해야 가장 빠르게 접근할 수 있을지 실시간으로 계산해서 각각의 로봇들에게 명령을 내리고 제어한다.

최근 오토스토어는 인공지능(AI)를 본격적으로 접목하려는 움직임을 보이고 있다.

포트(Port)에서 사람이 피킹하는 작업을 인공지능(AI) 로봇으로 대체하는 제품이 출시되었다. 컴퓨터 비전(Computer Vision) 기술과 다양한 인공지능(AI) 기술들을 활용하여 로봇이 카메라로 상품을 인식하고, 모양이나 크기가 다른 여러 상품 중에서 원하는 상품을 정확히 집을 수 있게 되었다.

또한, 예상 물동량 예측을 통해 생산성을 향상하고, 로봇, 포트, 빈(Bin)의 분포와 배치를 최적화할 수 있는 빅데이터, 인공지능(AI) 등 첨단 기술의 적극적 연구가 진행되고 있다.

머지않아 실시간으로 로봇들을 통제 및 지시하고 예기치 못한 상황에서도 인공지능(AI)이 자율적으로 판단하는 보다 최적화된 컨트롤러(Controller) 소프트웨어도 곧 등장하게 될 것이다.

3. 특정한 빈(Bin) 하나를 그리드(Grid) 특정 위치로 이동할 수 있는가?

오토스토어 컨트롤러는 스스로 빈(Bin)이 가장 빠르게 출고될 수 있도록 스스로 알아서 위치를 결정한다. 필요에 따라서 스스로 알아서 위치를 변경하기도 한다.

예외적이지만 관리자용 콘솔(Console) 프로그램을 사용하면 특정 빈(Bin)을 특정 위치로 이동시킬 수는 있다. 하지만, 특정한 위치로 그 빈(Bin)을 이동하더라도 향후 입출고 작업들이 수행되면서 빈(Bin)이 다른 곳으로 이동될 수도 있다.

결론적으로, 특정한 빈(Bin) 하나를 그리드(Grid) 특정 위치로 이동하는 것은 불가능하다.

대신, 오토스토어는 그리드(Grid)를 여러 개의 구역(Area)으로 쪼개어 관리할 수 있다. 쪼개진 구역별로 보관 가능한 빈(Bin)들의 종류를 지정할 수 있다. 예를 들어, 냉장상품이 보관된 빈(Bin)들은 냉장 구역(Area)에 보관하고, 냉동상품이 보관된 빈(Bin)들은 냉동 구역(Area)에 보관할 수 있다.

4. 오토스토어만으로 물류 업무 처리가 가능한가?

결론적으로, 오토스토어 시스템만으로는 물류 수행이 어렵다.

왜냐하면, 오토스토어는 상세한 재고 기능이 없기 때문이다. 오토스토어는 빈(Bin)에 어떠한 유형의 상품이 보관되었는지, 비어 있는지, 가득 차 있는지 등 기본적인 상태 정도만 관리한다. 따라서, 오토스토어를 운영하려면 WES 물류시스템이 반드시 필요하다.

〈표 6-1〉 WES(WMS,WCS)와 오토스토어 비교

구분	WES (WMS,WCS)	오토스토어
역할	- 창고 운영 계획, 지시, 관리	- 재고를 관리하기 위한 빈(Bin)의 보관, 피킹 등 물리적 작업 수행
주요기능	- 주문접수, 관리 - 빈(Bin)별 실시간 재고관리 - 작업자 업무 지시, 결과 관리	- 빈(Bin) 보관 및 회수 - 로봇 경로 및 이동 제어 - 포트 입출고 관리
상호관계	- 오토스토어에 무엇을 할지 상위 지시를 내린다. 예) 104번 Bin에 A상품 100개 출고 준비	- WMS의 지시를 받아 로봇을 이동하여 피킹 등 출고 수행

WES 물류시스템은 상품코드, 수량, 유통기한, 로트번호, 제조일자, 일련번호 등 상세한 재고 관리를 수행한다. 뿐만 아니라 주문 데이터를 접수 받고, 오토스토어 입출고 전 과정을 체계적이고 종합적으로 관리하는 역할을 수행한다.

오토스토어는 WES 물류시스템의 지시를 받아 로봇들이 작업자에게 빈(Bin)들을 전달하고, 작업이 끝나면 빈(Bin)들을 다시 원위치로 이동해 주는 실행자 역할에 집중한다.

오토스토어를 처음 개발하는 단계에서 WES시스템의 기능들을 모두 포함하여 개발할 수도 있었겠지만 다양한 업종과 물류 환경에 대응하기에는 유연성과 확장성에 한계가 있을 수 밖에 없으며 독점, 폐쇄성을 극복하기에도 어려웠을 것이다.

오토스토어는 이러한 독점적 폐쇄성을 과감히 버리고 오픈 시스템을 지향했다.

오픈 시스템 덕분에 세계 유수의 WES 물류 솔루션 회사들은 오토스토어 시스템을 활용하여 다양한 업종, 다양한 물류 환경에 최적화된 물류 시스템들을 빠르게 개발하고 확산할 수 있었다. 상호 보완적인 관계가 된 것이다.

최근에는 오토스토어는 자체 솔루션 역량도 강화하는 추세이다.

"Qublt Fulfilment Platform"과 "Pio"라는 두 가지 시스템에 공을 들이고 있다. 간단히 말해 큐빗 풀필먼트 플랫폼은 유통업체 등의 다양한 물류환경에서 주문처리, 물류, 배송처리까지 통합할 수 있는 시스템이다. 피오시스템은 소규모 창고에서 빠르게 적용할 수 있는 보다 가벼운 형태의 시스템이다.

국내에서는 아직까지 적용된 사례는 없지만, 향후 어떻게 적용하고 확장할 것인지 귀추가 주목되는 시스템이다.

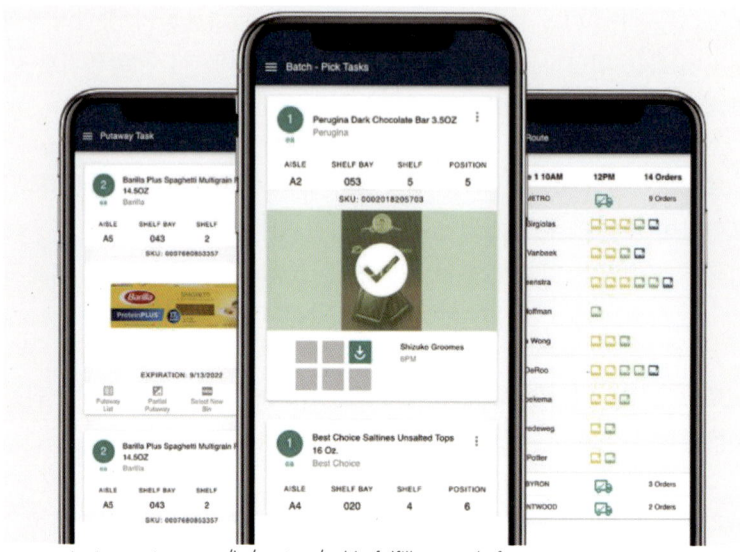

www.autostoresystem.com/kr/system/qubit-fulfillment-platform
[그림 6-1] QubIt Fulfilment Platform 화면 예시

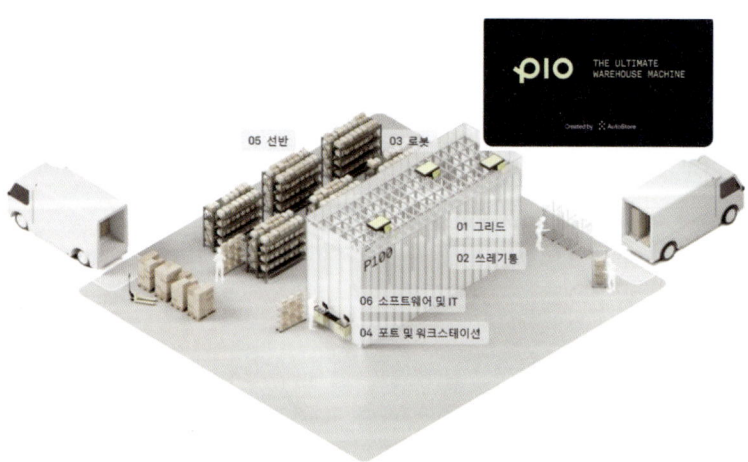

[그림 6-2] Pio 시스템 개념도

[그림 6-3] Pio 시스템 화면 예시

5. 긴급한 출고가 발생되면 어떻게 해야 하는가?

오토스토어는 기본적으로 가장 효율적인 순서대로 물량을 처리한다. 하지만, 가끔은 시스템의 순서를 무시하고 당장 내보내야 하는 긴급한 상황이 발생된다. 이러한 경우 다음 세 가지 방법을 고려해 볼 수 있다.

첫 번째 방법은 우선순위를 부여하는 방법이다.

오토스토어는 출고 오더 단위로 작업그룹(Task Groups) 번호를 부여한다. 오토스토어는 이 작업그룹에 지정된 우선순위, 카테고리 등 제약 조건을 반영하여 작업의 우선순위를 정한다.

긴급한 출고 오더가 발생되면 작업그룹에 대해 우선순위(Priority) 값을 다른 작업그룹보다 우선한 값으로 지정하면 된다. 오토스토어는 여러 작업그룹(Task Groups) 중에서 우선순위가 높은 작업그룹을 먼저 처리한다.

두 번째 방법은 카테고리 속성에 "긴급오더"의미의 속성 값을 부여하는 방법이다.

작업그룹(Task Groups)을 생성할 때 카테고리(Category) 속성 값을 "긴급오더"라는 의미의 속성값을 부여한다. 작업자가 포트(Port)에서 작업을 시작할 때 "긴급오더"의 카테고리를 우선적으로 검색하고 이를 먼저 처리하는 방법이다.

세 번째 방법은 카테고리 속성에 "긴급오더 전용포트" 의미의 속성 값을 부여하는 방법이다.

긴급한 작업을 전담할 수 있는 포트(Port)가 대기하고, 긴급한 작업은 긴급오더 전용포트에서 작업하도록 작업그룹(Task Groups)을 생성할 때 카테고리(Category) 속성 값을 "긴급오더 전용포트"라는 의미의 속성값을 부여하는 방법이다.

6. 입고업무에서 고려해야 할 사항은?

오토스토어를 도입한 기업들의 담당자들에게 입고, 출고 작업 중 어떤 업무가 어려웠는지 물어보면 입고 작업이 더 어렵다는 의견들이 많다.

아무래도, 처음 오토스토어를 적용하기 위해 한꺼번에 많은 양의 재고를 오토스토어에 입고하면서 혼선을 많이 겪을 수 있고, 입고 특성상 일시에 많은 물량이 몰려서 그런 것이 아닐까 싶다.

1) 상품의 빈(Bin) 입고 기준 정보가 부정확해, 입고에 필요 빈(Bin) 개수 파악이 어렵다.
⇒빈(Bin) 자동 지정 입고처리 활용 (계속 비어있는 빈(Bin)을 계속 투입된다)

2) 상품이 비슷해서 다른 상품과 입고 오류가 자주 발생된다.
⇒ 반드시 바코드 스캔을 실시한다. 육안으로 정확한 입고는 어렵다.
⇒ 입고 완료 후에 반드시 "재고조사"를 수행한다. (오류수량 재고조정)

3) 여러 입고 내역의 상품들이 섞여 입고 물량 정리가 어렵다.
⇒ 상품을 스캔하면 상품이 포함된 입고전표로 자동 전환 기능 개발

4) 입고를 할 수 있는 포트(Port)가 부족하다.
⇒ 빈(Bin)들을 인출해서 외부에서 입고 완료 후 오토스토어로 다시 투입 방법 고려

5) 소량씩 분산 입고되어 빈(Bin)이 부족하다.
⇒ 입고 작업과 빈(Bin) 최적화(조각모음) 병행 수행

6) 입고가 언제 끝날 지 예측이 어렵다.
⇒ 입고 예상 물동량 및 실적 실시간 측정 관리화면 사전 개발

7) 입고 착오 의심 시 확인하기가 너무 어렵다.
⇒ 입고전표 또는 상품코드, 빈(Bin)번호 등으로 빈(Bin) 호출 기능 개발

8) 입고 물량을 담을 빈(Bin)이 빨리 오지 않는다.
⇒ 그리드 상단에 미리 비어있는 빈(Bin)을 충분히 이동시킨다.
⇒ 비어있는 빈(Bin) 전용 보관 구역을 설정한다.

7. 출고업무에서 고려해야 할 사항은?

출고업무는 고객 서비스 수준에 직접적인 영향을 주는 매우 중요한 프로세스이다. 따라서 처리 속도, 작업 오류 등이 발생하지 않도록 지속적인 관리가 요구된다.

실무에서 어려움을 겪었던 부분들을 정리하면 다음과 같다.

    1) 출고할 빈(Bin)이 너무 늦게 온다
  ⇒ 원인: 대부분 디깅(Digging) 작업이 너무 많은 경우
          작업 우선순위, 제약조건 등을 너무 많이 추가한 경우
  ⇒ 대책 : 가능한 작업준비율(Prepared Rate)이 적정수준이
          될 때까지 기다린다.
          작업 우선순위, 제약조건을 가능한 제거한다.
          빈(Bin) 조각모음, 그리드(Grid) 최적화 작업을 수행한다.
          로봇, 포트의 도입 대수 추가를 고려한다.

    2) 방금 피킹한 상품의 일부를 잘못 꺼냈다.
  ⇒ 피킹 중 "재고 체크" 기능 추가하여 별도 빈(Bin)을 확인 가능하도록
    개선

    3) 피킹해야 할 상품의 빈(Bin)이 아무리 기다려도 오지 않는다.
  ⇒ 대상 빈(Bin)이 어디에 있는지 사용자에게 화면으로 정보 제공
    (대부분 다른 포트(Port)에서 반납하지 않고 작업을 대기하는 경우가
    많다)

    4) 실제 다른 상품이 들어 있어 잘못 피킹되었다.
  ⇒ 피킹 시 상품 바코드 스캔한다.
    지속적인 재고조사 등을 통해 오류를 최소화한다.

8. 오토스토어는 우리가 입고를 하는지, 출고를 하는지 알수 있나?

오토스토어는 작업그룹(Task Group)과 작업번호(Task)의 지시에 따라 로봇이 작업을 수행한다. 그렇지만 오토스토어는 어떤 작업인지는 관심이 없다. 왜냐하면, 입고작업이나 출고작업이나 오토스토어 입장에서는 차이가 없기 때문이다.

작업그룹(Task Group)의 카테고리, 우선순위 등의 값을 확인하면 WES 물류시스템에서는 이 작업이 어떤 유형의 작업인지를 알 수 있다.

필요 시 WES 물류시스템을 통해 어떤 작업인지 확인할 수 있는 화면을 개발하고, 별도 제어를 할 수 있다.

9. 오토스토어 도입 시 MS-SQL Server DB 를 설치 용도는 무엇인가?

오토스토어 컨트롤러(Controller)는 고장 등 갑작스러운 중단에 대비하여 백업을 수행한다. 이 백업을 효율적으로 수행하기 위해 오토스토어는 MS-SQL Server DB를 사용한다.

오토스토어의 전체적인 로그 데이터를 실시간으로 MS-SQL Server DB에 전달되고 이를 기록·관리한다. 향후 컨트롤러(Controller)가 고장 등으로 운영이 불가능하면 이렇게 백업된 데이터로 복구할 수 있다.

만약, MS-SQL Server가 고장 등으로 중단되더라도 오토스토어 컨트롤러(Controller)는 정상적으로 운영이 가능하다. 이후 MS-SQL Server가 정상적으로 운영되면 다시 백업을 수행한다.

10. 충전기 부근에는 빈(Bin)을 왜 보관하지 못하나?

충전기가 설치된 셀(Cell)과 근접한 셀(Cell) 2개 정도는 일반적으로 사용하지 못하도록 설정되어 있다. 아까운 공간이지만 쓸 수 없다.

2개의 셀(Cell)을 사용하지 못하는 이유는 레드라인 로봇(Robot)은 2개의 셀(Cell) 공간을 차지하고 있기 때문이다. 하나의 셀은 로봇 본체를 운영하는 용도이고 나머지 하나는 빈(Bin)을 끌어 올리고 내리기 위한 공간이다.

오토스토어 로봇(Robot)들은 충전이 부족할 경우, 알아서 충전기로 이동하여 충전을 수행한다. 충전을 하는 동안은 로봇들이 이동할 수 없다. 따라서, 해당 셀(Cell) 공간에 있는 빈(Bin)들을 이동할 수 없는 문제가 있다.

가능하다면, 충전기 공간의 셀(Cell)에 보관된 빈(Bin)들이 필요할 때 잠시 로봇(Robot)이 자리를 비켜 주었다가 다시 충전을 하면 될 것도 같은데 아직까지는 그렇게 운영하는 경우는 거의 없다.

충전기 수량도 보유한 로봇(Robot)의 대수 만큼 확보할 필요는 없다. 입출고 물동량 등 오토스토어의 작업시간, 작업량 등을 고려하여 적정한 대수의 충전기만 설치해도 된다. 모든 로봇들이 일시에 충전하는 일은 거의 없기 때문이다.

[그림 6-4] 충전기 설치 예시

11. 그리드(Grid) 가장 아래(16단)에 있는 빈(Bin)을 출고하는데 얼마나 걸릴까?

그리드(Grid) 가장 아래에 있는 빈(Bin)을 출고하는데 한 대의 로봇(Robot)만 작업 하지 않는다. 여러 로봇(Robot)들이 협력으로 작업을 수행한다. 첫 번째 로봇(Robot)이 1단에 있는 빈(Bin)을 올려 다른 곳으로 이동하는 동안, 다른 로봇이 2단에 있는 빈(Bin)을 다른 곳으로 옮기는 디깅(Digging)작업을 동시에 수행하는 방식이다.

이러한 방법으로 그리드(Grid) 최하단 빈(Bin)을 끌어 올리는데 시스템에 환경에 따라 약간 다를 수 있지만, 약 4분 정도의 시간이 소요된다.

4분이라는 시간이 길게 느껴질 수 있지만, 다른 로봇들이 빠르게 처리할 수 있는 다른 빈(Bin)들을 계속 작업자에게 전달하고 있기 때문에 작업자는 작업이 느리다고 느끼지 못한다.

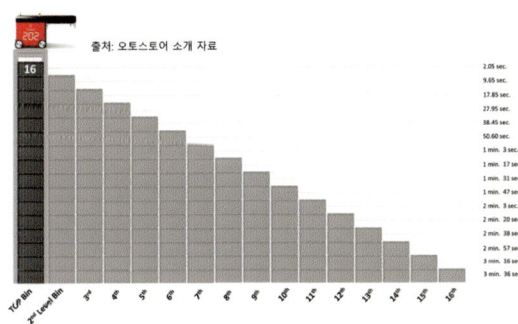

[그림 6-5] 그리드 최하단 빈(Bin) 끌어 올리는데 필요한 추정 시간

12. 오토스토어는 얼마나 작게? 얼마나 크게 만들 수 있나?

오토스토어는 고객의 다양한 요구에 맞게 시스템을 구축하고 이를 확장하거나 필요에 따라서 축소할 수 있는 매우 유연한 구조를 가지고 있다.

국내외에서 로봇(Robot) 20대 미만의 창고부터 600대 이상이 동시에 운영되는 매우 다양한 유형의 오토스토어 시스템을 실제 구축 및 운영 중이다.

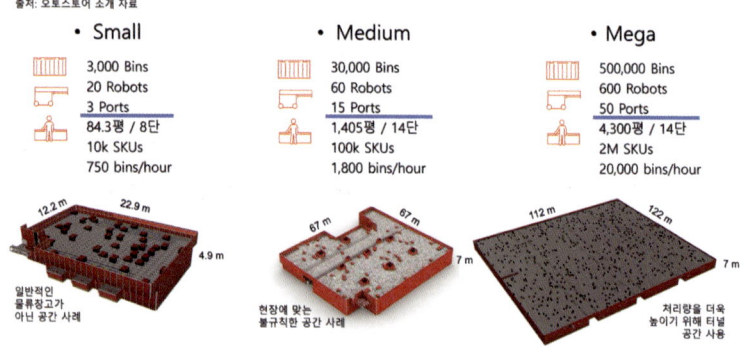

[그림 6-6] 다양한 규모의 오토스토어 시스템

13. 어떤 업체에 오토스토어 구축 프로젝트를 맡겨야 하나?

오토스토어는 다른 물류 자동화 시스템에 비해 혁신적이고 효율적인 장점이 많지만 고려해야 할 사항들도 많은 시스템이다.

게다가, 구축 업체가 제공하는 WES 시스템과 필수적으로 연동되어야 하는 시스템이다. 오토스토어와 WES 시스템이 안정적으로 연결되고 효율적으로 제어·관리되어야 효율적인 물류 시스템 구축이 가능하다.

문제는 구축 업체마다 오토스토어의 적용 경험과 기술력이 다르다. 당연히, WES 시스템의 성능도 차이가 크다. 때문에 오토스토어 도입 결정보다 어떤 개발업체와 오토스토어를 구축해야 하는지 결정하는 것이 더 중요하다.

개발 업체가 실제 구축한 실제 물류 현장을 벤치마킹 하고, 실제 WES 시스템의 기능과 성능을 세밀하고 충분히 검증해야 하는 이유이다.

부가적으로, 프로젝트를 수행하는 PM의 역할도 매우 중요하다. 개발 업체 선정보다 PM이 누구인지가 더 중요할 수 있다. PM의 역량과 태도에 따라 수동적이고 형식적인 시스템이 될 수도 있고, 적극적이고 고객의 입장에서 선제적인 문제들까지 고려한 시스템이 만들어질 수 있기 때문이다.

14. 제안한 오토스토어의 성능을 어디까지 믿어야 하나?

오토스토어는 다른 물류 자동화 시스템보다 장비에 대한 객관적인 성능 수치, 시뮬레이션 등을 통해 구축 이전에 충분히 시뮬레이션하고 검증할 수 있는 다양한 소프트웨어와 방법들을 지원한다.

하지만, 실제의 물류 환경을 아무리 시뮬레이션 환경에 반영한다고 하더라도 변화무쌍한 물류 환경을 반영할 수는 없다.

대부분의 물류 자동화 시스템들은 이상적인 환경에서 측정한 최대 성능을 홍보하는 경우가 많다. 오토스토어도 예외는 아니다.

실제 현실에서는 최대 성능치의 70~80% 수준의 성능이 일반적이다. 왜냐하면 여러가지 예외적인 환경, 상황 등이 발생하기 때문이다.

단순히 제안 가격, 맹목적인 최대 성능치를 믿기보다는 현실적인 성능을 기반으로 제안이 이루어졌는지 꼼꼼히 확인하는 노력이 필요하다.

15. 로봇(Robot)이 고장으로 움직이지 않으면 어떻게 해야 하나?

오토스토어는 매우 신뢰성 있는 자동화 시스템이다. 하지만, 완전히 고장 나지 않는 완벽한 시스템은 아니다.

오토스토어 시스템에서 가장 많은 일을 하는 로봇(Robot)은 대수도 많기 때문에 고장이 발생할 가능성도 상대적으로 높다. 로봇이 고장 나기 전에 사전에 부품 교체 등으로 예방하는 활동이 중요하지만, 고장을 완전히 없애기는 어렵다.

대부분은 로봇이 고장 나더라도 움직일 수 있기 때문에 시스템 콘솔(Console) 화면에서 로봇을 안전한 서비스 구역으로 이동시킬 수 있다.

하지만, 로봇이 완전히 움직이지 못하는 고장이 발생될 가능성도 있다. 이러한 경우에는 로봇이 차지하고 있는 셀(Cell) 근처의 빈(Bin)들은 이동이 불가능하기 때문에 전체적인 시스템에 중대한 영향을 미친다.

오토스토어는 이러한 상황이 발생하면 시스템을 일시 중단시킬 수 있다. 사람이 그리드에 직접 들어가서 로봇을 강제로 옮길 수 있는 장비를 제공한다. 휠체어와 비슷한 모양이다.

이 장비를 통해 로봇이나 그리드 등의 이상여부를 점검하고, 로봇을 안전하게 옮길 수도 있다. 고장이 발생한 로봇을 서비스 구역으로 이동시키고 오토스토어를 재가동하면 고장 난 로봇이 하고 있던 작업은 자동으로 다른 로봇으로 이관되어 중단 없는 수행이 가능하다.

[그림 6-7] 그리드(Grid) 이동 장비 및 서비스 구역에서 점검중인 로봇

16. 오토스토어의 주요 활용 분야는?

오토스토어의 빈(Bin)에 보관할 수 있다면 어떠한 물품이든 서비스가 가능하다.

물류분야에서는 주로 박스단위의 입출고가 이루어지는 물류 현장보다는 다품종 소량으로 출고되는 e커머스, 패션/의류, 부품/제조 등 업종이나 물품의 종류를 가리지 않고 다양한 영역에서 오토스토어가 활용되고 있다.

도심형 물류센터(MFC)도 오토스토어가 매우 적합한 분야이다. 땅값이 비싼 도심에서는 창고 면적을 최대한 줄이는 게 생명이다. 오토스토어는 수직 공간을 최대한 활용하기 때문에 도심 내 작은 건물 안에도 대규모 재고 보관이 가능하다. 소비자에게 더 가까이 다가가 '라스트 마일(Last Mile)' 배송 시간을 획기적으로 단축시켜준다.

의료 분야에서도 적극적으로 활용된다. 환자에게 빠르고 정확하게 의약품을 제공하기 위해서는 섬세한 물류관리가 필수적이다. 오토스토어는 수많은 종류의 의약품들을 체계적으로 보관하고 분류·출고할 수 있도록 돕는다.

온도의 제한도 없다. 상온뿐만 아니라 냉장, 냉동에서도 운영할 수 있는 다중 온도 솔루션을 제공하기 때문에 어떠한 환경에서도 빠르고 안정적인 물류환경을 만들 수 있다.

오토스토어의 활용 영역은 여기에만 그치지 않는다.

도서관, 박물관에서도 활용 가능하다. 도서관은 오래되거나 대출 빈도가 낮은 책들(저밀도 도서)을 보관하는 공간은 늘 부족하다. 오토스토어의 빈(Bin)에 책들을 정리해 넣어두고, 요청이 들어오면 로봇이 해당 책을 찾아와 사서에게 전달해 줄 수 있다. 보존 환경을 일정하게 유지하기 쉬워서 귀중한 장서 보호에도 효과적이다. 일반적인 서고보다 훨씬 적은 공간에 더 많은 책을 보관할 수 있어 대학 도서관 등에서 공간 혁신 사례로 주목 받고 있다.

박물관의 소장품이나 국가의 중요한 기록물도 마찬가지다. 온도, 습도 관리가 중요한 이 기록물들을 오토스토어 빈(Bin)에 넣어 보관하면 외부 환경 노출을 최소화하면서도, 필요할 때 정확하게 접근할 수 있다.

요즘 도심에서 개인 물품을 보관해주는 서비스가 늘어나고 있는데, 오토스토어를 활용하면 개인별 짐을 빈(Bin)에 넣고 안전하게 보관할 수 있다. 일부 회사에서는 방문객의 물품을 1층 로비에서 보관하기 위한 용도로도 활용되기도 한다.

결론적으로, 오토스토어는 단순히 물류비를 절감하는 도구를 넘어, 공간의 제약을 허물고, 물품의 종류를 가리지 않고, 필요한 것을 가장 효율적이고 안전하게 저장하고 검색하는 미래형 플랫폼이다. 그 어떤 보관의 영역이든지 오토스토어는 훌륭한 해결책이다.

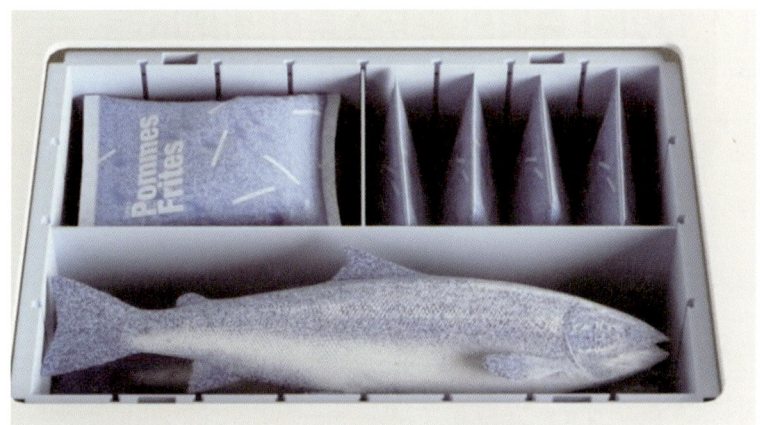

[그림 6-8] 냉동 제품 보관 예시

blog.naver.com/autostore_korea/223886038390 (맥길 대학교 컬렉션 센터내 도서관 서고자동화)

[그림 6-9] 도서관 오토스토어 도서 입출고

17. 다양한 규격의 오토스토어 빈(Bin)을 하나의 오토스토어에서 운영할 수 있나?

결론부터 말하자면 가능하다.

오토스토어의 빈(Bin)은 가로(649mm)와 세로(447mm)로 동일하지만, 다양한 상품들을 보관할 수 있도록 220mm, 330mm, 420mm 높이의 빈(Bin)을 제공한다.

기존에는 오토스토어를 도입할 때 220mm, 330mm, 420mm 중 하나의 규격만 선택할 수 있었다. 고객의 입장에서는 다양한 유형의 상품을 보관하기에 불편한 부분들이 존재했다. 이러한 문제들을 극복하기 위해 하나의 빈(Bin)을 2분할, 4분할, 8분할, 16분할 등으로 쪼개어 사용하기도 했다.

최근에는 하나의 오토스토어 시스템에서 220mm, 330mm, 420mm 높이 규격의 빈(Bin)들을 동시에 사용할 수 있게 시스템이 개선되었다.

기존의 오토스토어 시스템에서는 별도의 업그레이드 등의 조치가 필요할 수도 있다. 또한, 아직까지는 국내외에 적용한 사례가 많지 않기 때문에 충분한 검증과 검토가 필요하다.

다양한 크기와 소재

고객의 니즈에 적합한 크기

빈은 3가지 크기로 제공됩니다. 이동식 파티션을 사용하면 빈의 내부를 유연하게 세분화하여, 더 다양한 상품을 보관하고 저장 용량을 추가로 늘릴 수 있습니다.

가장 큰 425mm 빈은 R5+ 로봇 및 R5+ Pro 로봇과 호환됩니다.

3가지 크기
빈의 높이는 220mm, 330mm, 425mm입니다.

32개 구획
이동식 파티션으로 빈의 내부를 세분화할 수 있습니다.

https://www.autostoresystem.com/kr/system/bins

[그림 6-10] 빈의 다양한 크기와 소재

위드클라우드 출간 도서

01 WMS원리와 이해
김정현, 이만조 공저

물류의 기반 시스템인 WMS 시스템을 보다 쉽게 이해하고 활용할 수 있는 실무서이다.

최근 물류 환경은 글로벌화, 맞춤형 유통체제, 대형 유통기업의 등장, 홈쇼핑 및 인터넷 쇼핑 등의 전자상거래 활성화로 인하여 기업의 핵심 역량으로서 물류 부문의 지속적인 개선과 적극적인 투자를 진행하고 있다.

여러 물류 시스템이 존재하고 있지만 그중에서도 WMS(창고관리) 시스템은 물류 프로세스의 기반을 다루고 있는 만큼 가장 중요하고 우선적으로 도입 활용하고 있다. 이 책은 물류를 배우고자 하는 독자들이나 실무자들에게 WMS의 기본 개념부터 시스템이 구동되는 원리를 알기 쉽게 제공하고 있다.

02 MS SQL Server 기본에서 실무까지
김정현, 유옥수 공저

4차 산업혁명이라 불리는 AI를 활용하여 빅데이터 분석이나 인공지능(AI) 그리고 음성을 알아듣고 말하는 AI 스피커, 자동화 로봇, 자율 주행 등 수많은 최신 기술들이 실생활에 파고 들고 있다.

최근 부각되고 있는 최신 기술을 구현하기 위해서는 방대한 양의 데이터를 빠르게 처리하고 분석하는 것이 무엇보다 중요하다.

이 책에서는 데이터베이스의 기본적인 기능은 물론 데이터베이스의 핵심 기능으로 부상하고 있는 저장 프로시저를 기반으로 한 프로그래밍 개발 방법에 중점을 맞추고 있다. 데이터와 데이터베이스의 특성을 활용하여 어떻게 프로그래밍 할 것인지를 예제와 더불어 구체적으로 제시하고 있다.

03 MS SQL과 엑셀VBA로 만드는 판매재고 관리시스템
김정현, 유옥수 공저

이 책은 데이터베이스와 엑셀 VBA를 활용하여 저자가 설계하고 개발한 판매재고관리 시스템을 독자들도 같이 만들어 보면서 어떻게 시스템을 구축해야 하는지의 기법들과 프로그래밍 기술을 익히고 이를 응용하여 실무에 적용할 수 있도록 응용력을 기르는 데 목적을 두고 있다. 또한 독자들이 스스로 각종 업무시스템을 개발할 수 있도록 개발 방법을 설명하고 실무에 활용 할 수 있는 무료 소스코드를 제공한다.

위드클라우드 출간 도서

엑셀로 만드는 WMS(물류창고관리시스템) 04
김정현, 박종석 공저

이 책은 데이터베이스와 엑셀 VBA를 활용하여 저자가 설계하고 개발한 WMS 시스템을 독자들도 같이 만들어 보면서 어떻게 시스템을 구축해야 하는지의 기법들과 프로그래밍 기술을 익히고 이를 응용하여 실무에 적용할 수 있도록 응용력을 기르는 데 목적을 두고 있다.

저자는 "모방은 창조의 어머니"라는 말을 좋아한다. 저자는 주로 새로운 시스템이나 기술들을 습득하는 데 있어서 매뉴얼을 보고 하나씩 배우는 것보다는 이미 만들어져 시스템의 소스 코드나 체계들을 분석(벤치마크)하여 내가 원하는 시스템을 만드는 방법을 선호한다. 영어를 잘하고 싶으면 영어 문법책을 열심히 공부하는 것보다는 직접 영어권 사람들과 대화를 하거나 아예 그 나라로 가서 영어를 배우는 것이 빠른 것과 비슷한 이치다.

데이터베이스나 엑셀 VBA에 대해 잘 모르는 독자라도 우선 WMS시스템이 정상적으로 돌아갈 수 있도록 설치하고 하나씩 하나씩 뜯어보면서 내 것을 만들기를 권장한다.

인공지능 AI (GPT) 이해와 활용 05
김정현, 박종석 공저

인공지능AI GPT를 쉽게 이해하고 활용하기 위한 기본서. 인공지능은 더 이상 미래의 기술이 아니다. 이미 우리 삶 곳곳에 깊숙이 자리잡아 우리의 생각과 행동 방식을 변화시키고 있다. 스마트폰의 음성 인식부터 자율주행 자동차 그리고 의료분야의 정밀한 진단 업무까지 인공지능(AI)는 우리 삶의 편리함을 증대하고 새로운 가능성을 열어가고 있다.

이 책은 인공지능(AI)의 눈부신 발전을 따라가며 GPT와 같은 대규모 언어 모델인 생성형AI를 이해하고 이를 효과적으로 활용하기 위한 방안과 사례에 대해 다루고 있다. AI에 관심이 있는 일반 독자들부터 AI를 활용하고자 하는 기업관계자에 이르기까지 다양한 독자들에게 AI에 대한 이해를 돕고, 실제 활용 방안 제시를 목표로 한다. 특히, GPT와 같은 생성형 AI에 대해 개념과 사례 중심으로 구성하였다.

큐브형 로봇 물류 자동화 시스템
오토스토어 AutoStore
이해와 활용

1판 1쇄 발행	2026년 1월 5일
지은이	김정현 (kjh105208@naver.com, jhk9022@asetec.co.kr)
	박종석 (jspark@asetec.co.kr)
펴낸이	최봉은 (rainsun78@naver.com)
디자인	남연정 (youn704.nam@gmail.com)
펴낸곳	위드클라우드
출판등록	제406-2019-000082호
등록일자	2019년 7월 30일
주　소	경기도 파주시 능안로 37 한라 113-1001
ISBN	979-11-970240-6-1(93320)
정　가	35,000원

이 책은 저작권법에 따라 보호받는 저작물이므로 무단 전제와 복제를 금하며 이책의 전부 또는 일부를 이용하려면 저작권자와 위드클라우드의 서면 동의를 받아야 합니다.